U0655016

汉字文化视野下的识字教学研究

张素丽　著

天津出版传媒集团

天津人民出版社

图书在版编目（CIP）数据

汉字文化视野下的识字教学研究 / 张素丽著. -- 天津：天津人民出版社, 2019.10
ISBN 978-7-201-15259-2

I. ①汉… II. ①张… III. ①识字课-教学研究-小学 IV. ①G623.222

中国版本图书馆 CIP 数据核字(2019)第 194132 号

汉字文化视野下的识字教学研究
HANZI WENHUA SHIYEXIA DE SHIZI JIAOXUE YANJIU

出　　版	天津人民出版社
出 版 人	刘　庆
地　　址	天津市和平区西康路35号康岳大厦
邮政编码	300051
邮购电话	(022)23332469
网　　址	http：//www.tjrmcbs.com
电子邮箱	reader@tjrmcbs.com
责任编辑	孙　瑛
封面设计	吴志宇
内文制作	牧野春晖(010-82176128)
制版印刷	北京市兴怀印刷厂
经　　销	新华书店
开　　本	710毫米×1 000毫米　1/16
印　　张	13
字　　数	210千字
版次印次	2020年9月第1版　2020年9月第1次印刷
定　　价	68.00元

版权所有　侵权必究

图书如出现印装质量问题，请致电联系调换(022-23332469)

序　言

　　一早接到学生打来的电话，说将要出版一本关于小学识字教学研究的著作，记得在张素丽攻读硕士研究生时，就有了要做这一方向研究的想法，但出于种种顾虑，一直很难展开研究。在跟我汇报过这一选题后，我帮助她确定了这一选题，并制定了初步的研究计划，这个选题变这样慢慢的做起来了。记得在研究生毕业答辩时，她的论文获得了评审的一致好评，但仔细论证便会发现很多细节犹显粗糙。而今，当年这个懵懂的学生在毕业后依然坚持研究，认准这一选题不断学习、实践，丰富理论建构、完善实践步骤，经过五年多的沉淀，终于有了成果，作为师者甚感欣慰。

　　汉字文化是汉字在长期流传过程中形成的文化体系，既反映了汉字音形义之间的关系，又对社会的各个领域的文化有所记载、反映。在小学识字教学中进行汉字文化的渗透，不但有利于孩子理解汉字音形义间的联系，还能通过汉字了解民族文化，是一件一举多得的事。

　　在本书中，将3500个常用汉字进行了以表意为主的归类，基本分为汉字与人类生活、汉字与人体、汉字与器具、汉字与植物、汉字与动物、汉字与建筑、汉字与天气七大类，将表面各自独立的汉字利用字形、字义建立起联系，使识字教学可以实现"学一个字就能识一类字"的目标，对培养学生独立识字能力有着积极的作用。

　　在当今教育改革的浪潮中，世界各国和地区都高度关注以"素养"为核心的未来教学和课程，以"学生核心素养"推动教育改革已是大势所趋。在"部编本"小学语文教材培训会上，人民教育出版社小学语文教研室的陈先云提出小学语文核心素养的"四大清单"，即"理解能力""运用能力""思维能力""审美能力"。基于以上四点，识字教学已不能单纯地停留在教会生字表中汉字的音形义，更重要的是让学生喜欢上汉字，有主动识字的愿望，初步感受汉字的形体美，正确运用汉字。本书中提出的利用汉字文化进行识字便可在一定程度上解决这些问题，虽然在很多具体策略步骤上有待进一步推敲、完善，但毕竟迈出了难能可贵的第一步，相信今后在不断的实践检验中，会更对一线教学具有更高的价值。

　　桃李无言，下自成蹊。衷心祝愿这部书能尽快出版发行，并拥有更多的读者。

作者

目　　录

第一章　引　　论

随着社会与文化的不断发展，我们的民族文化愈来愈受到学术界、教育界的广泛重视。汉字文化作为民族文化体系中的一个子系统，是整个民族文化的缩略图，也是民族文化其他子系统研究的基础。在小学识字教学中渗透汉字文化，是留住民族文化之根的事业，也是解决目前小学识字所面临的诸多问题的根本方法之一。

本书以如何在小学识字教学中渗透汉字文化为研究目的，在广泛阅读、分析相关文献的基础上，深入分析了小学识字教学方法和汉字文化的发展历程及研究成果，并在此基础上圈定了汉字文化在本书中的具体范围。

本书在对文字学相关知识、资料深入研究的基础上，以《说文解字》为依据，对1988年国家教育部、国家语委颁布的《现代汉语常用字表》中所收的3500个汉字所涉部件进行了表意分类，基本分为汉字与人类生活、汉字与人体、汉字与器具、汉字与植物、汉字与动物六大类，在六大类中利用部件对汉字的统摄性对《现代汉语常用字表》中所收生字进行了分类，从而使各个独立的汉字建立起基于表意为主的汉字网。参考《说文解字》《汉字教学常用字形义解析》、汉典网等相关论著、资料，对《现代汉语常用字表》中所收的3500个汉字进行了字形演变、字理、字义发展的详细分析，搜集了相关诗句并链接了相关典故、成语故事等汉字文化内容。

在理论研究的基础上，笔者选取晋中市A小学一到六年级各一个班的识字课堂为实践对象，进行了为期三年的教学实践。其间对六个班学生进行了识字教学现状的问卷调查，随机抽取该校十二名语文教师进行了访谈，以求深入了解该校识字课堂的教学现状。

在对小学识字课堂深入了解的基础上，笔者总结出了一套行之有效的可以在小学识字教学中渗透汉字文化的识字教学策略。本策略主要分为构建汉字网在识字教学中渗透汉字文化的教学体系和依据教材编排顺序在识字教学中渗透汉字文化的教学体系两类。希望这些方法可以为小学教师提供行之有效的识字教学参考，有效解决学生识字难题，培养学生对祖国语言文字的热爱。

一、研究背景

"小学识字教学"是小学语文教学中极其重要的环节，也是开展语文学习的基础。从古代的童蒙识字到现代出现的多达几十种的识字教学方法，一代代的教育者在识字教学之路上不断摸索、研究、总结、升华。新中国成立以来，教育界围绕小学识字教学开展了诸多研究，提出了诸如"集中识字法""分散识字法""字理识字法""字族文识字法"等一系列在全国范围内有广泛影响的识字教学方法。但走进今天的小学语文课堂，识字难题依然存在，能够行之有效地解决识字难题的识字教学策略依然具有较高的研究意义。

(一) 小学识字难点的客观存在

1. 新课标要求不易达成

依据 2011 年版《义务教育语文课程标准》所提出的课程目标，识字与写字位列五大板块之首，其重要性不容置疑。以下为 2011 年版《义务教育语文课程标准》对小学识字教学所提出的要求：

学段	识写字量	识字能力	写字能力	情感态度与价值观
一	1600－1800字会识，800字左右会写	学习独立识字；能借助汉语拼音认读汉字。能用音序和部首检字法查字典。	掌握汉字的基本笔画和常用的偏旁部首；能按笔顺规则用硬笔写字，注意间架结构。努力养成正确的写字姿势和良好的写字习惯，书写规范、端正、整洁。	喜欢学习汉字，有主动识字、写字的愿望；初步感受汉字的形体美。
二	2500字左右会识，1600字左右会写	有初步的独立识字能力；会使用音序检字法和部首检字法查字典、词典。	能使用硬笔熟练地书写正楷字，做到规范、端正、整洁。用毛笔临摹正楷字帖。写字姿势正确，有良好的书写习惯。	对学习汉字有浓厚的兴趣，养成主动识字的习惯。
三	3000字左右会识，2500字左右会写	有较强的独立识字能力。	硬笔书写楷书，行款整齐，力求美观，有一定的速度；能用毛笔书写楷书；写字姿势正确，有良好的书写习惯。	在书写中体会汉字的优美。

2011 年版《义务教育语文课程标准》的要求，可以概括为以下三点：第一，小学识字教学要保证识字量；第二，小学识字教学要注意激发学生对识字的兴趣；第三，小学识字教学要注意培养学生对祖国语言文字的热爱。识字量的保证可以为小学生今后的听说读写打下基础，学生的识字兴趣和对语言文字的热爱又会对识字效果起到促进作用。通过调查发现，小学生识字量的达成较为容易，但学生在运用过程中往往存在较多问题，而激发识字兴趣和培养文字情感则很难实现。

2．小学识字教学方法的不科学运用

随着我国基础教育教学研究的深入发展和大力推广，新的小学识字教学方法不断涌现，很多在全国范围内较有影响的识字教学方法经过各种培训、推广活动逐步走入小学识字课堂。因此在今天很多的小学识字课堂中并不缺少识字方法，课堂上教师往往会使用多种识字方法，但教学效果并不理想。究其原因，一是教师对识字方法的生搬硬套，课堂使用多种识字方法只是为了活跃课堂气氛、增加学生课堂活动，识字任务被喧宾夺主；二是对各识字方法的使用缺少贯通、整合，各识字方法的适用条件教师并未仔细推敲，造成了应用不当；三是教师知识结构的局限性，以字理识字法为例，一些教师虽已意识到字理识字教学的优点，但并不能解决汉字字理知识的问题，出现生搬字理、乱用典故的现象。

3．导学案模式、小组合作模式在小学识字教学中的不当运用所带来的负面影响

随着导学案模式、小组合作模式在全国范围内的广泛推广，小学识字主要采用的方法便成了学生自主识字。识字环节被下放到学生课下预习阶段，课堂识字时间被大大缩短，教师上课的讲解也变成了个别学生走上讲台读、写、阐释字形结构的过程。这一过程极大地发挥了学生的学习主动性，但也有着不可忽视的弊端。对于一些字的结构、写法学生并不能阐释清楚，也很少懂得利用汉字音形义的联系归类识字，从而提高课堂效率。这样就使得学生的学习主动性只停留在程式化的写笔画、说结构、摹描红上，学习主动性只是停留在"行动起来"，而不是想办法运用多种方法识字，提高识字效率，将"身心投入进来"。只讲具体知识，不讲方法、过程，教师的补充纠正有时也并不能及时起到补救作用。这便使识字教学如窦桂梅在《我教一年级识字课》中所说："一下子读错，就'先入为主'，像配错了药一样，再改很难。"自主识字如何更科学地进行，值得探讨。

4．识字课堂众口难调

由于学前教育的非科学发展，使一部分学生在入小学前就具备了大量汉字的读写能力，甚至小学一年级的课本已可熟读。但另一部分学生却无任何早期识字教育，甚至自己的姓名都不会读写。这一两极现象给一年级识字课堂带来较大困扰。课堂上，部分学生已不满足于反复强调读音和笔画的常规识字法，整堂课注意力不集中，对良好学习习惯的培养造成不利影响；但部分无识字背景的学生却被教师不得不加快的教学节奏搞得学习吃力，长期发展很不利于学习自信心的培养。[①]在识字教学中引入汉字文化，使有识字背景的学生能在课堂中获得新知，无识字背景的学生也能适应教学步骤，可使课堂教学效果更好。

---

① 苏令．超前识字：有毒的儿童"催熟剂"[J]．北京：中国教育报，2010．03．

5．错别字现象严重

小学阶段错别字现象普遍存在，并且在各个学段呈现出不同特点。"错字的多少与年级的高低成反比例，别字则先随着年级的升高而加速，经过一个平稳阶段，再减速地下降。错字出现的频率与字的笔画、结构有关。"[①]笔者曾在山西省晋中市榆次区安宁小学选取四个六年级班级对 212 名学生进行了一次测试。测试内容为苏教版小学语文课本生字表中 2442 个一类字识记情况。测试结果显示：学生平均正确识记量为 2111 个，错误率高达 13.57%，最优识记量为 2305 个，错误率为5.6%，最低识记量为 1326 个，错误率为 45.72%。通过访谈一线教师，发现多数语文教师都遇到反复纠正学生错别字的情况，且多数表示纠错无力且屡纠屡错。将汉字文化渗透到小学识字教学中，用汉字文化知识对字形结构进行分析，使学生建立起科学的汉字音形义的联系，将有效改善错别字现象。

6．识字与阅读的正相关关系

2011 年版《义务教育语文课程标准》中的课程目标，小学语文列为五大板块，识字与写字、阅读为其中两大重要板块，在小学语文教育中占据重要地位。汉字所具有的图形审美和阅读所需的文字美感都需要调动感官、想象、联想去进行，一定程度上形成了正相关。阅读需要一定的识字量，但并不是决定因素，能够正确地理解每个汉字尤其语句中关键字的意义及其所蕴含的汉字文化对理解和解读文章主题、获得较高层次的审美体验将起到较大作用。而阅读对识字与理解其汉字文化又起到了进一步丰富其内涵的作用。[②]

（二）小学识字教学中渗透汉字文化的必要性

1．小学识字教学中渗透汉字文化对民族文化传承具有不容忽视的作用

汉字是世界上最早使用并沿用至今的唯一文字。汉字创制之初便确立了汉字表意为主的文字性质，每个汉字不仅是记录语言、交流信息的工具，汉字形体本身更具备了汉字文化信息的理据性和可释性。汉字是观照中华历史的一面镜子，汉字包含了中华民族的各类文化信息，如先民的政治、经济、宗教信仰等。汉字培养了中华儿女的民族文化认同感，雕塑了民族性格特质。汉字的表意性和历史传承性决定了汉字对民族文化的承载力和镜像呈现性，是研究民族文化的重要途径。

2．汉字本身的文化性为识字教学中渗透汉字文化提供了可能

汉字从产生至今，大致经历了甲骨文、金文、篆书、隶书、楷书五种字形演

---

① 潘菽．教育心理学[M]．北京：人民教育出版社，2001：218．
② 国庆丰．对儿童阅读的思考——对《超前识字：有毒的儿童"催熟剂"》的反思[J]．北京：语文建设，2015．06．

变，现行汉字虽然多数从形体上与造字之初的字形存在差别，但如果想深刻理解现行字，对初始字形进行追根溯源便很有必要。汉字是由部件构成的，部件的字形在甲骨文时代就存在雏形。通过部件可推测汉字的字义，并了解汉文化的发展脉络及丰富意蕴。从部件入手帮助小学生进行识字，在分析字形的基础上理解字义，可以培养学生"见字明义"的独立识字能力，提高识字效率。

3. 发展学生核心素养的教育诉求需要在识字教学中渗透汉字文化

在《教育部关于全面深化课程改革落实立德树人根本任务的意见》中，明确界定了核心素养，即学生应具备的适应终身发展和社会发展需要的必备品格和关键能力。2016 年 9 月，北京师范大学举行了中国学生发展核心素养研究成果发布会，将核心素养分为文化基础、自主发展、社会参与三个方面，综合表现为人文底蕴、科学精神、学会学习、健康生活、责任担当、实践创新六大素养，具体细化为十八个基本要点。基于此，教育界展开了对核心素养的多方讨论与研究，李艺等针对核心素养的内涵和结构提出了一个三层架构。第一层是"双基"，以基础知识和基本技能为核心；第二层是"问题解决"，以解决问题过程中所获得的基本方法为核心；第三层是"学科思维"，指在系统的学科学习中通过体验、认识及内化等过程逐步形成的相对稳定的思考问题、解决问题的思维方法和价值观，实质上是初步得到学科特定的认识世界和改造世界的世界观和方法论。

三层架构形成一个完整系统，内在密切联系。其中"双基"层最为基础，学科思维层最为高级，而问题解决层发挥着承上启下的作用。三层架构可解读为，问题解决以"双基"为基础，学科思维以"双基"和问题解决为基础；学科思维层是学科课程的灵魂，也是学科课程与"人的内在品质"相应的本质之所在。

在小学识字教学中，完成课本中规定的生字识、读、写的任务便是"双基"层面，教会学生用多种方法识字便是"问题解决"层面，通过识写字了解汉字文化、培养对民族文化的认同感和民族文化思维品质是"学科思维"层面。识字教学与汉字文化教学相结合，是实现知识迁移和知识创新的必备前提。

二、研究意义

本书旨在以新课标教学理念为导向，对在小学识字教学中渗透汉字文化的教学策略进行重点研究和详细论述。希望通过对小学识字教学方法和现状的了解和研究，有的放矢，立足小学课本生字，进行字类分析，提出切实可行的在小学识字教学中渗透汉字文化的教学策略，进而在一定程度上解决小学识字难题，并培养学生主动学习汉字的热情。

本书的理论意义在于通过研究当前语文识字课堂实际与新课程理念的矛盾，

探索小学识字教学中渗透汉字文化的教学策略，丰富和发展小学识字教学中渗透汉字文化的理论研究，为小学识字课堂提供相关理论依据。

本书的实践意义在于通过深入一线小学识字课堂，了解当前识字课堂中教师所采用的教学方法和所面临的困惑、学生学习识字中所存在的共性问题，提出识字教学中渗透汉字文化的具体策略，为小学教师提供行之有效的识字教学参考，使学生通过识字课堂提高语文能力，培养对祖国语言文字的热爱。

三、研究方法

本书主要采用文献法、问卷调查法、访谈法三种研究方法来探讨如何在小学识字教学中渗透汉字文化。

(一) 文献法

利用图书馆、知网数据库等资源，主要查阅整理了以下三类文献：

(1) 有关小学识字教学方法的文献。通过查阅整理该类文献，了解和总结小学识字教学方法发展历程，对影响较大的几种常用识字教学方法进行深入分析。

(2) 有关汉字文化相关理论及研究的文献。通过研究分析该类文献，圈定本书所渗透汉字文化范围；搜集汉字文化在识字教学中运用的研究文献，为在小学识字教学中渗透汉字文化提供理论依据。

(3) 相关文字学、语言学、历史学等书籍、文献资料。通过研究整理该类文献，为汉字分类和具体汉字的汉字文化解析提供理论依据。

(二) 问卷调查法

在深入小学教学一线实践的基础上编制问卷，以求进一步了解小学识字教学现状，发现识字教学中存在的问题，为识字策略的提出提供现实依据。

(三) 访谈法

为有效了解小学识字教学在实际教学中所采用的识字教学方法，了解教师对识字教学方法的认识和应用情况，了解教师对汉字文化的认识，设计了针对这三方面的访谈提纲。

第二章 文献综述

本研究的文献述评主要包括两方面：小学识字教学和汉字文化。述评内容主要是检视我国对于小学识字教学和汉字文化两方面知识与方法的研究。

第一节 小学识字教学发展研究文献述评

一、我国的小学识字教学发展历程

我国可以说自有文字就有了识字教育。从历代流传下来的童蒙识字教材看，最早的应该是周代相传为太史籀所编的《史籀篇》。其后是秦代的《仓颉篇》《爰历篇》《博学篇》。西汉出现史游所作《急就篇》，成为当时蒙学通用的识字教材。我们现在所熟知的古代蒙学识字通用教材"三百千"则分别是宋人所编的《三字经》《百家姓》，南北朝梁周兴嗣编写的四言韵语《千字文》。据统计，"三百千"共收字 1452 个，自问世至清末，一直被作为蒙学通用的识字教材在官学和私塾中广泛使用。清代出现李毓秀编写的《弟子规》，全书收字 1080 个，书中内容包括道德规矩、学习方法等，在清中叶后广为流传。

相比今天的小学课本，古人的识字教材显得单一乏味。但传统识字教材却有着较高的识字效率。一年内达到两千个左右的识字量是非常平常的事。从宋朝到清末民初七百多年，儿童《三字经》《百家姓》《千字文》可以在一两年内(有的时间更短)认识 1500 个字。与《新课标》所要求的小学阶段 3500－4000 字的识字量进行对比，蒙学识字教材的识字优势显而易见，这便使我们不得不关注传统蒙学。以"三百千"为对象进行分析，我们发现了以下几个特点：第一，集中识字；第二，识字内容基本涵盖了常用字；第三，识字的同时进行传统文化教育；第四，强调死记硬背。这种识字方法虽然有着识字量大的优势，但重复背诵、反复抄写也在一定程度上挫伤了学生的学习积极性。

1902 年清政府颁布《钦定蒙学堂章程》，我国的儿童识字教学开始进入分散识字阶段，究其原因主要是受西方教育思想和教学方法影响，从 20 世纪初直至 20 世纪 50 年代，历时近五十年。

所谓分散识字，就是边阅读边识字。识字在学习课文的过程中进行，由于有课文语境配合识字，学生对字义理解较深刻。所选课文多为儿童感兴趣的儿歌、寓言、童话等，有效提高了学生的学习兴趣。但随文识字一节课生字量很少，识字效率低。"1949 年，我们接收国民党的小学，一学期只能识 200 字。""据统计，从 1923 年到 1958 年三四十年间我国小学一二年级识字量平均在 1200 字左右，最少的甚至只有 900 余字。"①查阅资料我们不难发现：我国识字教学中进行分散识字是受到西方拼音文字的影响。虽然分散识字也有着形象生动、易于理解的优势，但较低的识字量最终还是制约了阅读量，影响了学生语文水平的提高。

随着新中国的建立，教育事业呈现出欣欣向荣的繁荣景象。在无数教育工作者的不断努力下，全国出现了上百种识字教学实验。识字教学经历了前所未有、多方位的探索历程。其中从字音入手的有"注音识字，提前读写"识字法、汉字标音识字法等；从字义入手的有字理识字法、分散识字法等；从音形义入手的有字族文识字、韵语识字等。下面来回顾一下新中国成立以来识字教学改革的主要历程：

(一) 20 世纪 50－60 年代

20 世纪 50 年代末 60 年代初是识字教学研究的一个活跃期。那时主要研究和要解决的问题是，刚入小学的儿童识字速度慢，单纯识字不仅使儿童学得枯燥，而且又中断了语言的发展。1958 年出现的集中识字和分散识字就是要解决这个问题。1958 年，辽宁省黑山北关实验学校首先开展"集中识字"课改实验；1960 年，北京景山学校也采用"集中识字教学法"，进行全面的教学改革；"文革"后，中央教科所也有专家研究集中识字教学法，由此形成"两山一所"的集中识字教学流派。几乎与此同时，在南方，南京师大附小的学制改革实验班也成功地开展一种以"字不离词、词不离句、句不离文"为主要特征、注重音义联系的识字教学实验。这种识字教学实验后来被称为"分散识字"或"随课文识字"。

"集中识字"以汉字学习为本位，强调根据汉字的构字规律集中而大量的识字；"分散识字"以发展语言为起点，强调在具体的语言环境中识字，两大流派竞相发展，相互渗透，逐步形成了集中识字、分散识字和集中与分散相结合的三种识字教学方法。

(二) 20 世纪 70－80 年代

20 世纪七八十年代是识字教学研究的又一个活跃期。1978 年以后，原来开展集中识字和分散识字的一些实验学校又进行了识字教改实验，并进一步深化实验，开始了读写教学体系的研究。20 世纪 80 年代初，在我国黑龙江省佳木斯、拜泉、

---

① 集中识字教学研究会编. 集中识字教学论文集(一)[M]. 呼和浩特：内蒙古人民出版社，1995：12-37.

讷河三个市县的三所小学开展起了从推广普通话、普及汉语拼音入手改革汉字识字教学法的"注音识字·提前读写"实验,1992 年开始向全国推广,成为十一届三中全会后实验范围最广、时间最长、影响最大的教改实验。不久以后,在全国小学语文教学中,迅速形成了"集中识字""分散识字"和"注音识字·提前读写"三足鼎立的局面。此外,还有取汉语"音韵"之所长的"韵语识字",在"字族"成"文"上下工夫的"字族文识字"等。总之,每一种方法都是从某一方面有所突破,在相互取长补短的同时又坚持自己的特色。

(三) 20 世纪 90 年代以后

进入 90 年代以后,随着计算机的普及和信息化社会的到来,识字教学思考的问题不仅是如何学得快,还有如何把识字和普及信息技术结合起来,如何借助多媒体进行识字,于是,计算机辅助识字教学法等应运而生。

(四) 识字教学改革历程的总结

纵观半个多世纪识字教学改革的历程,识字教学改革的特点是:第一,完成《九年义务教育小学语文教学大纲(试用)》对识字教学的要求;第二,以快速高效为原则,迅速提高教学质量;第三,通过实验总结新的理论成果,以供科学研究和国家决策参考。

同时,识字教学改革的方向是寻求儿童高效率地学习汉字和汉语文的科学途径,也就是识字教学科学化。实现识字教学科学化,要求我们不仅要合理利用、研究现有的这些方法,而且还要学习前人已有的成果,利用其他学科提供的方法,进一步提取有益的成分,以促进语文教学改革和语文教研、科研水平的提高。可以说,"科学化是识字教学改革与实验的内在需求"。①

二、识字教学改革实验述评

新中国成立以来,据不完全统计,到目前为止在我国有一定影响的识字教学改革实验大约近三十多种。这些识字教学改革实验大多取得了明显的识字效果,并且都以有力的事实向世人昭示:在母语学习环境中,只要方法得当,小学生用两年时间基本可以过识字关。然而,任何一种识字方法在显示其优点的同时,都不同程度地存在着某些方面的局限。小学生识字是一个逐步积累的过程,每积累到一定的数量,学习者的认知规律和思维特点就要发生变化,识字教学的方法和策略也应该随之变化。下面简要就几种有代表性、影响较大、效果较好的识字教学方法进行述评。

---

① 戴汝潜主编. 汉字教与学[M]. 济南:山东教育出版社,1999:8.

(一) 集中识字法

"集中识字法"最早于 1958 年由辽宁省黑山北关实验学校(原名为黑山县北关完全小学校)贾桂乏、李铎二位老师始创，1960 年北京景山学校加入，"文化大革命"后中央教育科学研究所投入研究，逐步形成了"两山一所"的集中识字教学流派。1985 年形成了"集中识字、大量阅读、分布习作"的小学语文教学体系。1991 年教育科学出版社出版的郭林、张田若编著的《集中识字教学的理论与实践》把该项试验推向了新的高度。

"集中识字法"的特点是突出汉字的字形特点以及形音义之间的区别与联系，按照汉字由易到难、由简到繁，分类排队，使识字学习走向科学化。具体如下：①先学一批构字率高的最常用汉字，以便学生及早阅读。②打好识字的四大基础(汉语拼音、笔画笔顺、偏旁部首和基本字)，以"基本字带字"作为基本识字方法。坚持"音形义统一、字词句联系、认读写结合和记比说兼用"，通过给基本字加偏旁部首，引导学生利用熟字记生字，使学生在掌握汉字字形的基础上，逐步理解汉字音、形、义之间的相互关系，建立汉字形音义的统一联系。③吸收先识字后读书、看图识字、在阅读中巩固和扩大识字等传统识字教学经验，组织学生掌握汉字规律，自学生字。同此法类似的有集中式的"基本字带字归类识字法"，彭吉来(1994)对此做了讨论。

(二) 分散识字法

分散识字又称随课文识字。这是 1958 年南京师大附小斯霞老师在总结了当时阅读识字教学的经验教训后，逐渐开创的一种识字教学流派。它以"字不离词，词不离句，句不离文"为主要特征，强调在具体的语言环境中识字，把生字词放在特定的语言环境中让学生去感知、理解和掌握。分散识字从改革识字和阅读的关系入手，寓识字于阅读之中，在识字的同时发展儿童的语言。此外，它还注重激发学生的识字兴趣，强调学生打好识字基础，传授给学生识字方法，培养学生的识字能力。斯霞老师用分散识字方法教学生字，学生两年内识字量达到 2000个以上。

随文识字是目前义务教育阶段特别是低年级汉字教学采用的最主要、最常规的识字方法，一直以主流识字方法的显赫身份在低年级语文教学中占据主导地位。此方法依据儿童的语言思维发展水平与特点，从儿童的兴趣与接受能力出发，构建学习体系与内容；同时把识字与阅读及发展语言结合起来，以识字与学习书面语言互相促进的方式，贯穿于整个低年级语文教学之中。它的优势在于：字不离词，词不离句，字义在课文语境中得到明确深入的开掘，有助于培养提高学生的语言感悟能力，实施笔画笔顺、字形结构的机械记忆。在识字教学中，分散识字有以下几种识字处理方式：①依在课文中出现的顺序，边读文边识字。②把课文中的重点字词提出来先学，其他的随课文讲读时再学。③先学字词后读文。④在理解课文后再学字学词。

学生的汉字积累和学习完全依赖于每一课出现的生字生词，教师在讲解生字生词时不系统地零星地介绍这些生字生词的结构及形似字词的差异，可能涉及生字生词的形音义，一般主要依据生字生词在课文中出现的环境，不会扩展太多。

（三）注音识字法

注音识字法是"注音识字·提前读写"教学改革实验的一个组成部分，它由黑龙江语委组织实施，1982 年在佳木斯第三小学、拜泉县育英小学和讷河市实验小学开始首轮实验。注音识字旨在发展儿童语言，以语言训练和思维训练为重点，借助汉语拼音，听说读写同时起步，学好汉语拼音，"无师自通"地不定量识字，设写字课，"有师指导"地定量识字，解决识字和学汉语的矛盾。

注音识字法注重低年级学生语言能力的发展。利用汉语拼音进行阅读和写作，使学生在低年级不受识字量的限制提前进行读写训练。表面看似乎没有以识字为教学重点，而是识字、阅读、说话、写话并举，但却是科学地抓住了语文学习的内在规律，形成了"越读越识、越识越读"的良性学习机制，并且圆满完成了低年级识字教学任务，实现了识字和学语言同步发展的双赢局面。

（四）字族文识字法

字族文识字法是由四川省井研县鄢文俊等老师 1960 年开始探索，1980 年成型并开始实验的一种识字教学方法。该法认为，在汉字中有一定数量具有派生能力的"母体字"，母体字可以衍生出几乎所有的常用字，称为"子体字"。经筛选，精选出 2500 个常用字，把用母体字带出的一批批音形相近的"子体字"，组成一个个"字类""家族"，称作"字族"，以一个字族中的字为主，编写出课文，称作"字族文"。利用编就的一篇篇字族文来识字，是字族文识字的主要方式。例如，在"青"为母体字的一族字中，选用常用字"清、请、情、晴、菁、睛"，编写这样的字族文(顺口溜)："草菁菁，水清清，请你来，做事情。太阳出来是晴天；看东西，用眼睛。"教学中，一边学文一边识字，用汉字字族特点来举一反三，简化教学过程和儿童识记过程，提高识字效率。

字族文识字吸收了集中识字重视汉字构字规律的经验，分散识字重视在语言环境中识字的经验，以及注音识字重视在发展语言、发展思维中识字的经验，将三者融会贯通，自成一家，体现了"字形类联""字音类聚"和"字义类推"的特点。小学生在两年中识字可达 2200 个以上。但在实践推广中我们很快发现：第一，字族并不能涵盖所有汉字；第二，字族文的编写需要涵盖字族中的所有字，并且作者一般是老师或学生，行文难免粗陋，不宜记诵。

（五）字理识字法

字理识字法是 20 世纪 90 年代初，由湖南省岳阳市教育科学研究所贾国均提出的识字教学法，先后在岳阳市 100 所学校进行字理识字实验，并且迅速扩大到广西、浙江等地。所谓字理，是指汉字的构字依据和组成规律。字理识字是依据汉字的构字规律，运用汉字形音义的关系进行识字教学的方法，即通过对象形、指事、会意、形声、转注、假借等造字法的分析，运用直观、联想等手段识记字形，以达到识字的目的。字理识字法教学中通常采用"定向—教学字音—解析字理—分析字形—指导书写"的教学模式。"定向"实际上就是创设情境引出将要学习的生字；"教学字音"则是借助拼音，指导学生读准生字字音；"解析字理"是"字理识字"特有的教学环节，教师运用多种方法使学生在字理与字形、字义之间建立有意义的连接，基本方法有图示法、点拨法、联想法、演示法、歌诀法、猜谜法等；"分析字形"则是在对生字字理有一定理解的基础上，对字形进行拆分讲解，使学生能够对生字进行意义上的识字；最后指导学生书写，进而强化学生对生字的掌握。

字理识字适用于任何一种语文教材，在不增加学生负担的前提下，强化儿童对汉字音形义的记忆，能有效预防错别字的产生和减少错别字。但在实践过程中我们发现：很多教师死搬字理，把小学识字课上成了大学文字学课；一些教师由于自身知识的局限性，对很多汉字字理的分析有着明显错误，使学生产生错误理解。字理识字法能解决小学生识字中很多根本问题的优点可以说有目共睹，但对教师素质要求较高和小学教师队伍的结构现状也从根本上制约了字理识字法的推广。

（六）多媒体电脑辅助识字法

"多媒体电脑辅助识字"的主持人是香港大学课程学系的谢锡金、祈永华和罗陆慧英。这一方法通过电脑软件的设计，帮助由学前教育至小学低年级的儿童学习汉字。软件设计利用电脑动画把汉字的书写和图像联系起来，集合电脑的图像、声音、形象等的多媒体技术，引导学生自主识字，有效地促使儿童感知汉字的组合结构、记忆汉字的书写方法、理解字与字之间的意义关系，养成儿童自觉识字能力。

多媒体电脑辅助识字教学比传统的手写练习可提供更有效的学习经验，可以提高儿童的学习兴趣，建立与汉字有关的知识库。电脑的互动图像具有灵活表现汉字部件的能力，可以引导学习者注意汉字的不同部件，通过丰富并且多元化的活动，让儿童在读、说、听、写中，理解汉字部件的意义和作用，创造性地学习新字。

三、我国小学识字教学方法发展历程的特点与反思

(一) 我国小学识字教学方法发展历程的特点

1. 各种识字教学方法名目繁多，各有所长

这一时期的小学识字教学方法改变了传统蒙学集中识字、近代教育分散识字的单一识字方法选择，仅 20 世纪 80 年代就出现了"注音识字，提前读写"，以及听读识字和猜认识字，"接着又出现了奇特联想识字、汉字标音识字、字理识字、成群分级识字、韵语识字、趣味识字、计算机辅助识字等 12 种识字方法及其实验"[①]，此后又相继出现了中文字母识字法、解形识字、直映识字、数码识字、双脑识字、潜能识字、大成序法识字、数码成语、定频识字、电脑双拼识字、炳人识字以及香港的综合高效识字法等。这些识字方法都经过了一线课堂检验，确实有着一定的优越性。

2. 识字教材和研究资料不断丰富，识字研讨活动频繁举行

新中国成立后，各地小学所通用的识字教材都是由国家统一编订发行的人教版小学语文课本，全国使用一种教材组织教学。1993 年国家教委在"一纲多本""多纲多本"的精神指导下，由人民出版社编订出版了 12 种小学语文课本，丰富了小学识字教材。

全国性乃至国际性的识字教育研讨会不断举办，加强了识字教育工作者间的交流合作，有效地推动了汉字教育事业的发展，每次会议的讨论成果、研究报告、与会者用来交流的研究论文，都成为后继识字教育工作者的重要研究资料。

1980 年 5 月在辽宁锦州举办了新中国成立以来集中识字最大规模的会议——全国集中识字经验交流会。会后由教育科学出版社结集出版了《集中识字教学经验选》，集中识字法也在全国得到更大规模的推广。[②]

1994 年 8 月在安徽歙县举办了首届小学识字教育国际研讨会。来自新加坡、中国香港和各省市自治区的代表围绕小学识字、境外国外的汉字教育进行了交流研讨。这次研讨会显示出 20 世纪 90 年代我国的小学识字教学水平和汉字教育的国际化方向。[③]

[①] 张田若、陈良璜、李卫民. 中国当代汉字认读与书写[M]. 成都：四川教育出版社，1998：3-4.
[②] 张田若、陈良璜、李卫民. 中国当代汉字认读与书写[M]. 成都：四川教育出版社，1998：5-6.
[③] 潘仲茗、戴汝潜主编. 现代小学识字教育科学化研究[M]. 北京：北京科学技术出版社，1995：309.

2000 年 11 月，教育部基础教育课程教材发展中心召开了"小学语文识字教学交流研讨会"。会上对全国较为普遍推行的三十多种识字教学方法进行了经验交流。可以说这次会议是对我国近二十年来的小学识字教学的一次总结，有着承上启下的作用。

2006 年 4 月，第二届识字教育国际研讨会在北京召开。出席大会的有国内各省代表、香港识字教育代表和来自十四个国家的外籍识字教育同行。会议讨论了识字教育的脑科学原理、符合汉语汉字规律的识字方法、双语教学以及识字教育的科学化、现代化等问题。会议议题更为具体、有深度，汉字教育的国际化已成为人们关注的热点。

3. 小学识字教育与对外汉语教育相互交流借鉴

对外汉语教学其实由来已久，早在东汉我国就有了外国留学生，只是资料所限，现在已不能清楚地知道当时的教学方法。20 世纪 50 年代，对外汉语正式成为独立学科，开始了学科建设和教学理论研究。80 年代，对外汉语教学理论研究已取得值得称赞的成果。吕必松先生曾对《语言教学与研究》、《对外汉语教学》、《世界汉语教学》三类期刊及对外汉语教学讨论会中的论文进行过粗略统计，仅1980 年到 1989 年十年间关于对外汉语教学理论、教学方法问题的论文就有 300余篇。在众多的对外汉语教学理论研究成果中，李大遂先生的《简明实用汉字学》，集中介绍了我国众多的汉字教学方法和对外汉字教学研究的主要成果，对汉字研究者有着极高的参考价值。田园诗在《汉字教学技巧与对外汉字教学》中提出"汉字教学要以旧带新，利用字形、音义关系进行对外汉字教学的观点对我们的小学识字教学有一定的借鉴意义"。[①]随着全世界对汉字教学的日益重视，世界各国不断掀起学习汉语的热潮，来到中国的外国留学生也越来越多。识字教育国际研讨会自 2006 年后基本每三年就会召开一次，1998 年在法国巴黎召开的"国际汉字教学研讨会"就汉字与汉字教学专门举行了两次讨论，足见学界对汉字教学研究的重视。

和小学识字教学研究相比，从事对外汉语教学理论研究的工作者一般都具有较高学历和较高的研究水平和实践能力，研究视野较为开阔，在研究中能够借鉴比较文字学、现代汉字学、普通语言学、认知心理学等学科的研究成果，多角度地探索汉字教学的有效方法，在汉语教学的很多方面进行了有益尝试，取得了一定成果。[②]因此虽然对外汉语作为学科开展理论研究的时间不长，却已经在很多领域取得较好成绩，值得小学识字教学借鉴学习。

[①] 陈洁. 汉字文化与对外汉字教学[D]. 河南大学硕士学位论文，2013：6.
[②] 顾安达、江新、万业馨. 汉字的认知与教学[M]. 北京：北京语言大学出版社，2007：93-95.

(二) 对我国小学识字教学方法发展历程的分析反思

1. 集中识字和分散识字之争

集中识字和分散识字究竟哪种识字方法更为可取？这个争论始终伴随着小学识字教育，从未止息。仔细分析我国的小学识字方法尤其是课程改革后出现的诸多识字方法就会发现：集中识字和分散识字作为最基本的识字方法被各种识字方法借鉴使用。如字理识字法在具体教学实践中随文进行字义分析，并由此进行汉字字形的构字理据讲解，在阅读课文的同时进行汉字的学习便是典型的分散识字；字族文识字利用字族对同字族的字集中学习便是典型的集中识字。实践证明：不论是哪种识字方法都有着独特的优势，但也有着不可避免的缺点。那么哪种识字方法更可取呢？在此引用田本娜教授在第一届识字教育国际研讨会上发表的观点：汉字教学中多种风格各异的识字教学方法，组成了汉字教学的新阶段。不论是集中识字和分散识字都是要完成识字和发展语言的任务，因而在具体实践中相互影响、相互补充是合乎识字教育发展规律的。[①]因此，不论是哪种识字方法，要得到认可，必然要走集中识字和分散识字相结合的道路。

2. 对我国小学识字教学方法的问题反思

从古代蒙学的集中识字为主到现代的识字教学方法百花齐放，我国的识字教育走过了近百年的历史，小学识字教学方法也在不断地发展完善。但经过分析便不难发现，大多数小学识字教学方法依然存在着很多不容忽视的问题。

(1) 理论研究基础薄弱。随着识字教育研究的不断深入，识字教育需要教育学、心理学、语言学、文字学等基础学科作为理论基础，并不断吸收以上学科或相关学科如思维学、社会学、信息语言学等的最新科研成果，只有这样才能使识字教育更科学、更迅速地发展。但具体到小学识字教学或更为具体的某一种小学识字方法，由于研究队伍和实践队伍知识结构的局限，再加上科研文献、学术资料占有量的局限，理论研究的基础依然薄弱。

(2) 识字教学方法的实验不够科学。一种新的教学方法只有经过实践的检验才有可能被认可。识字教学实验便是检验识字教学方法是否科学可行的第一步。小学识字教学方法大多是一线小学教师或从事小学研究工作的研究者提出的。这一队伍一般没有受过专业的科研培训，对具体的实验不能有效控制和检验，很有可能导致实验数据不准确甚至研究结果错误。很多小学识字教学方法在缺少实验数据支撑和实践检验的情况下就被匆匆推广了，直接干扰了小学正常的识字教学，

---

① 潘仲茗、戴汝潜主编. 现代小学识字教育科学化研究[M]. 北京：北京科学技术出版社，1995：204-309.

很多便只能是昙花一现。

(3) 忽视学生主动识字的能力。大多识字教学方法都是在研究如何教学生又快又准确地识字，而忽视了如何让学生主动识字。2011 年版《义务教育语文课程标准》在小学第一学段就提出"使学生有主动识字的愿望"，大多数识字教学方法和这一要求还有着一定的距离。

综上，我国的小学识字教学方法虽种类繁多，但依然缺少能真正解决实际问题的策略和方法。

第二节　汉字文化研究文献述评

能够清楚认识"文化"和"汉字文化"的内涵、性质及发展是进行汉字文化教育的基础。结合相关文献观点，进行梳理，以期为相关研究提供借鉴。

一、对"文化"的考察

(一)　"文化"的内涵

我们平常所说的"文化人""有知识有文化"与工具书中的"文化"一词有什么不同呢？当代"文化"与古代"文化"一词有区别吗？国内外学者对此又给出了什么定义呢？

1.　"文化"一词的词源考察

"文化"在中国语言系统中古已有之，不过最初是分开使用的。"文"的本义指交错的纹理。"物相杂，故曰文"，《说文解字》对其解释为"文，错画也，象交叉"。"文"又有若干引申义。其一指文物典籍、礼乐制度，如，"文王既没，文不在兹乎"；其二为修养之义，与"质""实"对称，如，"质胜文则野，文胜质则史，文质彬彬，然后君子"。"化"本义为改易、生成、造化。如，"男女构精，万物化生"，又引申为迁善之义。

"文"与"化"联用见于战国末年。战国末年儒生编撰的《易·贲卦·象传》有"刚柔交错，天文也。文明以止，人文也。观乎天文，以察时变；观乎人文，以化成天下"的记载，这里的"天文"即日月往来交错文饰于天，亦即天道自然规律。"人文"即人伦社会关系，如君臣、父子、夫妇、兄弟、朋友。"以文教化"的思想十分明确。

西汉以后，"文"与"化"方合成一个整词，如"圣人之治天下也，先文德而后武力。凡武之兴，为不服也。文化不改，然后加诛"(《说苑·指武》)。这里的"文化"与无教化的"质朴""野蛮"对举。因此"文化"的本义就是"以文教化",它表示对人的性情的陶冶、品德的教养,本属精神领域之范畴。

现代意义的"文化"一词实际上是从日本传入的。明治时代的日本学者用日语汉字"文化"来翻译英文"Culture","Culture"与德语"kultur"、法语"Culture",都来源于拉丁语"Cultura",本义是"养殖""栽培",这本是指为了满足人类的物质需要而进行的生产活动,18世纪后引申指人类的精神活动,包括社会知识、个人教养等等。现代汉语"有文化"中的"文化"是知识之意,是受日本汉字译词影响的结果。这虽和中国传统的"文化"在辞源上意思不同,但从中可以看到,都体现出养成性、渐进性等特点。

2."文化"一词的工具书定义

《现代汉语词典》中对"文化"的解释是:①人类在社会历史发展过程中所创造的物质财富和精神财富的总和,特指精神财富如文学、艺术、教育、科学等。②考古学用语,指同一个历史时期的不依分布地点为转移的遗迹、遗物的综合体。同样的工具、用具,同样的制造技术等,是同一种文化的特征,如仰韶文化、龙山文化。③指运用文字的能力及一般知识:学习文化 | 文化水平。

《新华字典》中对"文化"的解释是:①广义指人类在社会历史实践中所创造的物质财富和精神财富的总和。狭义指社会的意识形态以及与之相适应的制度和组织机构。作为意识形态的文化,是一定社会的政治和经济的反映,又作用于一定社会的政治和经济。随着民族的产生和发展,文化具有民族性。每一种社会形态都有与其相适应的文化,每一种文化都随着社会物质生产的发展而发展。社会物质生产发展的连续性,决定文化的发展也具有连续性和历史继承性。②泛指文字能力和一般知识:学习文化 | 文化水平。

两种工具书所给的定义是大同小异的。"文化人""读书学文化"之中的文化是"文化"一词的第三个义项,等同于"知识"一词。"文化"包括物质财富和精神财富的总和,还指社会意识形态及与之相适应的制度和组织机构。

文化作为人类社会的现实存在,具有与人类本身同样古老的历史。人类从"茹毛饮血,茫然于人道"的"直立之兽"演化而来,逐渐形成与"天道"既相联系又相区别的"人道",这便是文化的创造过程。在文化的创造与发展中,主体是人,客体是自然,而文化便是人与自然、主体与客体在实践中的对立统一物。这里的"自然",不仅指存在于人身之外并与之对立的外在自然界,也指人类的本能、人的身体的各种生物属性等自然性。文化的出发点是从事改造自然、改造社会的活动,进而也改造自身即实践着的人。人创造了文化,同样文化也创造了人。因此,文化的实质性含义是"人化"或"人类化",是人类主体通过社会实践活动,适应、利用、改造自然界客体而逐步实现自身价值观念的过程。这一过程的成果体现,既反映在自然面貌、形态、功能的不断改观，更反映在人类个体与群体素质(生理与心理的、工艺与道德的、自律与律人的)的不断提高和完善。由此可见，凡是超越本能的、人类有意识地作用于自然界和社会的一切活动及其结果，都属于文化，或者说，"自然的人化"即是文化。

3. 国内外学者对"文化"的定义

文化是一个非常广泛的概念，给它下一个严格和精确的定义是一件非常困难的事情。自20世纪初以来，不少哲学家、社会学家、人类学家、历史学家和语言学家一直努力，试图从各自学科的角度来界定文化的概念。然而，迄今为止仍没有获得一个公认的、令人满意的定义。据统计，有关"文化"的各种不同的定义至少有二百多种。人们对"文化"一词的理解差异之大，足以说明界定"文化"概念的难度。

在人类学领域中，早期具有广泛影响的定义是英国人类学家、古典进化论学派创始人之一泰勒在1871年《原始文化》一书中提出的："文化或文明，就其民族学意义上来说，乃是包括知识、信仰、艺术、道德、法律、习俗和任何人作为一名社会成员而获得的能力和习惯在内的复合整体。" 从这个定义中可看出泰勒对文化特性的认识：文化不是自然界的形成物，而是与人的活动有关，文化不是人类先天遗传的而是后天习得的，文化是包括知识、信仰等在内的统一体，文化侧重于精神方面。

美国社会学家戴维·波普诺(David Popenoe)则从抽象的角度对文化作了如下的定义：文化是一个群体或社会共同具有的价值观和意义体系，它包括这些价值观和意义在物质形态上的具体化，人们通过接受其他成员的教育进而学到其所在社会的文化。此定义的前两句概括了泰勒的第一句，文化对于人类来说，就像是本能对于动物一样，都是行为的指南。

美国人类学家克·鲁柯亨(C.Kluckhohn，1905－1960)在《文化的概念》中写道："文化是历史上所创造的生存式样系统，既包含显性样式，又包括隐性样式；它具有为整个群体共享的倾向，或是在一定时期中为群体的特定部分所共享。"这个定义与泰勒的定义相比，有很大的差异：它明确指出文化是个系统，并且具有层级性，尤其强调文化的超个体性，具有整个群体或群体中特定部分共享倾向的行为、习性、意识形态等内容，概括范围更广，凡是人类历史所创造的都计算在内。

梁启超在《什么是文化》中称"文化者，人类心能所开释出来之有价值的共业也"。这"共业"包含众多领域，诸如认识的(语言、哲学、科学、教育)、规范的(道德、法律、信仰)、艺术的(文学、美术、音乐、舞蹈、戏剧)、器用的(生产工具、日用器皿以及制造它们的技术)、社会的(制度、组织、风俗习惯)等等。

20 世纪 40 年代初，毛泽东在论及新民主主义文化时说："一定的文化是一定社会的政治和经济在观念形态上的反映。"现代学者钱穆在《中国文化精神》一书中用一句十分形象的话来概括广义的文化："文化即是长时期的大群集体公共人生。"

综上所述，文化是指一个国家或民族的历史、地理、风土人情、传统习俗、生活方式、文学艺术、行为规范、思维方式、价值观念等。文化有广义与狭义之分。广义的"文化"，着眼于人类与一般动物、人类社会与自然界的本质区别，着眼于人类卓立于自然的独特的生存方式，其涵盖面非常广泛，所以又称作"大文化"。广义的"文化"从人之所以为人的意义上立论，认为正是文化的出现"将动物的人变为创造的人、组织的人、思想的人、说话的人以及计划的人"，因而将人类社会－历史生活的全部内容统统摄入"文化"的定义域。一般来说，文化哲学、文化人类学等学科的研究工作者多持此类文化界说。与广义"文化"相对的，是狭义的"文化"。狭义的"文化"排除人类社会－历史生活中关于物质创造活动及其结果的部分，专注于精神创造活动及其结果，所以又被称作"小文化"。汉语言系统中，"文化"本义"以文教化"，《现代汉语词典》关于"文化"的释义及毛泽东的文化观当属狭义文化。

(二) 文化的分类与构成

关于文化的分类，斯特恩(H．H．Stern)根据文化的结构和范畴把文化分为广义和狭义两种概念。广义的文化即大写的文化(Culture with a big C)，狭义的文化即小写的文化(culture with a small C)。广义地说，文化指的是人类在社会历史发展过程中所创造的物质和精神财富的总和。它包括物质文化、制度文化和心理文化三个方面。物质文化是指人类创造的种种物质文明，包括交通工具、服饰、日常用品等，是一种可见的显性文化；制度文化和心理文化分别指生活制度、家庭制度、社会制度以及思维方式、宗教信仰、审美情趣，它们属于不可见的隐性文化，包括文学、哲学、政治等方面内容。狭义的文化是指人们普遍的社会习惯，如衣食住行、风俗习惯、生活方式、行为规范等。

汉默里(Hammerly)(1982)把文化分为信息文化、行为文化和成就文化。信息文化指一般受教育本族语者所掌握的关于社会、地理、历史等知识；行为文化指人的生活方式、实际行为、态度、价值等，它是成功交际最重要的因素；成就文化是指艺术和文学成就，它是传统的文化概念。

美国哲学家奥尔特加(Ortega)在《人类的反抗》中将文化分为三个层次：高级文化(high culture)，包括哲学、文学、艺术、宗教等；大众文化(popular culture)，指习俗、仪式以及包括衣食住行、人际关系各方面的生活方式；深层文化(deep culture)，主要指价值观的美丑定义，时间取向、生活节奏、解决问题的方式以及与性别、阶层、职业、亲属关系相关的个人角色。高级文化和大众文化均植根于深层文化，而深层文化的某一概念又以一种习俗或生活方式反映在大众文化中，以一种艺术形式或文学主题反映在高级文化中。

文化的内部结构包括下列几个层次：物态文化、制度文化、行为文化、心态文化。物态文化层是人类的物质生产活动方式和产品的总和，是可触知的具有物质实体的文化事物。制度文化层是人类在社会实践中组建的各种社会行为规范。行为文化层是人际交往中约定俗成的以礼俗、民俗、风俗等形态表现出来的行为模式。心态文化层是人类在社会意识活动中孕育出来的价值观念、审美情趣、思维方式等主观因素，相当于通常所说的精神文化、社会意识等概念，这是文化的核心。

二、对"汉字与文化"的考察

在探讨了文化概念的基础上，我们再进一步探讨汉字与文化的关系，并在此基础上再提出汉字文化的内涵及分类。

(一) 汉字与文化的关系

汉字是记录汉语的书写符号，同时，汉字又不完全依附于汉语，它还有自身的独立性。除了具备记录汉语这一工具属性外，其自身还存在着内涵丰富的人文属性。文化是人类群体或个体在思想意识和社会实践中所体现出来的整体稳定的心理和行为倾向。那么，汉字和文化之间，到底有哪些"交集"呢？

关于汉字与文化的关系问题，当代语言文字学家周有光著有《汉字和文化问题》一书。在书中，先生从"文字和文化""汉字和传统文化""汉字和现代文化"三个角度对汉字和文化问题进行了探讨。关于汉字和文化，先生明确地归纳了他的五个基本观点：①文字是记录语言的，文字不等于语言，语言是第一性的，文字是第二性的；②文字是文化的载体，文字和文化之间不能画等号；③汉字学是人类文字学的一部分，要在人类历史中看汉字的历史地位；④研究人类文字学，要有系统观点和发展观点；⑤研究汉字，首先要使汉字非神秘化。

周有光的论述及五个基本观点为我们对汉字和文化的研究提供了准则。从语言、文字、汉字、文化等范畴去论述其关系是比较全面的，同时，注重汉字文化研究的科学性，去除其神秘性和主观臆测性也是我们所应注意的。

文字学家王宁在《谈汉字与文化的互证关系》一文中从两个方面分析了汉字与文化的关系：第一个方面，从文化载体和文化内容的角度分析，王宁先生认为汉字是记录汉语的符号系统，汉语中的词汇通过其意义系统表述了种种文化现象，是文化的载体，记录汉语的汉字符号系统也变因此成为文化的载体，但是，作为记录汉语的符号系统，汉字中的音义是从汉语那里承袭来的，属于其自身的要素也就是它的本体即字形，所以，汉字与文化的关系应当专指汉字字形及其系统与文化的关系，"汉字与文化的关系应以汉字字形及其研究系统作为研究的中心"。第二个方面，从广义文化的角度分析，王宁先生认为，汉字本身就是一种文化事象，研究汉字与文化的关系，实际上就是研究汉字这一文化项与其他文化项之间的关系。第一层面属于微观意义上的汉字与文化的关系，第二层面属于宏观意义上的汉字与文化的关系。

王宁先生微观意义上的汉字与文化的关系实际上是汉字字形与文化的关系，是从汉字说文化，宏观意义上的汉字与文化的关系是从其他文化项的角度说汉字。第一层面是纵向分析，第二层面则属于横向比较。

综合以上两位先生的论述，可得出：汉字与文化的关系应从汉字与文化的联系及汉字与文化的区别两个角度阐释。就汉字与文化的联系而言，可体现为下面几点：

1. 文化促进了汉字的产生和演化

社会需要促进了汉字的产生和发展。原始社会时期，先民群居生活，彼此之间需要相互沟通、交流，进而产生了语言。但口头语言无法克服时间和空间限制，于是，文明与文化的发展便促进了文字的产生。无论是"结绳记事说"，还是"仓颉造字说"，都是人们社会实践的产物与表现。殷商时期出土的甲骨文之所以能称得上较为成熟的文字，也说明当时的文化已经相当发达。秦代是我国历史上第一个大一统的朝代，由于战国时期各国都有自己的文字，彼此交流很不方便，出于便于管理和沟通的需要，秦始皇颁布全国统一使用小篆的命令，这是我国历史上第一次汉字规范化运动，对民族团结、国家统一起到了重大的积极作用。但由于小篆笔画繁多且屈曲圆转，不便书写，出于简便快捷的需要，人们将小篆的曲笔拉直，改圆转为折笔，进而产生了隶书，其后不同时期社会经济及文化的发展也都促进了汉字形体及功能的不同演化，如进入 20 世纪后的历次文字改革，都反映出文化的发展变迁对汉字的影响。

2. 汉字反映了文化的更替和变迁

汉字的产生和发展与社会生产力相适应。记录、表达一定的事物，首先世界上要有这件事物，这就与社会生产力相关。最开始的汉字记录的是人们生活中常见的、简单的、容易描绘的事物，如日、月、山、川、水、火、土、木等字，这些都是大自然本身就有的。而后人凭借着主观能动性，利用自然、改造自然，产生了许多新的事物，而表达这些新事物的文字也随之产生了。如，砍伐的"斧"，装东西的"皿""盆""盂"，捕猎用的"网"等。随着社会生产力的发展，新的事物不断产生，汉字的数量不断扩大，如，进入工业化社会之后，人们对自然科技开始重视，表示新事物的一些字如"氢、氧、氯、氨、钠、铂"等都体现出文化的发展与繁荣。当代社会，随着电脑信息技术的发展，一些"火星文"的出现，则反映了信息时代的到来。

3．汉字是文化的重要载体

汉字的第一属性是记录语言的工具性，而记录语言的方式主要是靠其音义形所构成的系统。从古至今，浩如烟海的典籍文献是中华文化的精髓，而这些精髓的记载主要是靠汉字完成的。当然，任何一种文字都可以成为文化的重要载体，但汉字作为汉文化的载体却有其独特的价值，这种价值是基于汉字的形体特点及汉字与汉语之间的关系而形成的。"床前明月光，疑是地上霜；举头望明月，低头思故乡。"诗句的意境是难以用英语表达出来的。"举"字的字形形神兼备表达出诗人"昂首问天"的形象，这是其他语言难以"言传"的。

4．汉字是文化的有机组成部分

文字产生以后，以它超越时空的留存与传递功能，记载了人类丰富浩繁的文化活动和文化成果。有了文字，才有了"有史以来"；有了文字，才极大地促进了文化的发展。同时，文字是文化的一部分，是文化系统中的一个文化项。就汉字而言，它是汉民族文化的一个重要组成部分，汉字及其系统是汉民族文化的结晶，汉民族的物质文化与精神文化的凝结，成就了汉字这一神奇的东方魔块。饶宗颐先生说："汉字已是中国文化的肌理骨干，可以说是整个汉文化构成的因子，我们必须对汉文字有充分的理解然后方可探骊得珠地掌握到对汉文化深层结构的认识。"周汝昌先生也认为"中华文化有着深厚的内涵，每一个汉字都是一个信息库"。由汉字性质而形成的书法、篆刻、灯谜、测字等艺术样式和民俗游艺等无不是文化的重要组成部分。

5．文化促进了汉字的传播

受中华文化繁荣的影响，汉字才得以广泛传播，进而形成了"汉字文化圈"。就国内其他文字而言，契丹文、女真文、西夏文、古壮字(方块壮字)形成受汉字的影响很大。就国际而言，汉字对日本、朝鲜、越南等国文字的形成影响较大。

汉字对日本文字的产生与形成产生过重要影响。日本称汉字为"真名"，5世纪初，日本出现被称为"假名"的借用汉字的标音文字，8世纪时，以汉字标记日本语音的用法已较固定，其标志是《万叶集》的编定，故称"万叶假名"。日本文字的最终创制是由吉备真备和弘法大师来完成的。他们两人均曾在唐代长期留居中国，对汉字有很深的研究。前者根据标音汉字楷体偏旁造成日文"片假名"，后者采用汉字草书创造日文"平假名",时至今日,日本文字仍保留有一千多个简体汉字。

汉字对朝鲜文字的产生也有很重要的影响。中古时期的朝鲜没有自己的文字,而是使用汉字。新罗统一后稍有改观,薛聪曾创造"吏读",即用汉字表示朝鲜语的助词和助动词,辅助阅读汉文书籍,终因言文各异,无法普及。后来在宫中设谚文局,令郑麟趾、成三问等人制定谚文。他们依中国音韵,研究朝鲜语音,创造出 11 个母音字母和 17 个子音字母,并于公元 1443 年"训民正音",公布使用,朝鲜从此有了自己的文字。

汉字对越南文字的产生与形成也有影响。越南使用的喃字形制,跟壮字相同,都是利用现成汉字或其部件组成新的字体,是一种孳乳仿造的汉字型文字。

我们说文字与文化的关系密切,并不是要把文字与文化等同起来。事实上,汉字与文化之间还有很大的区别。

(1) 汉字不是文化的唯一表达形式。"文字和文化是完全不同的两样东西,尽管人们可以通过文字看到文化的一些零星的内涵,但由于文字并不是文化的首要表现形式,甚至文化大都可以脱离文字而存在,所以文字符号传达给人们的文化信息永远不会多于它传达给人们的语言信息。"

(2) 汉字是文化的精神内核但不是全部的浓缩。文字是文化的一部分,而且是文化系统中极小的一部分,尽管它是民族历史文化的活化石,但它并不是浓缩的全部,所以,即使把它放大还原,也不能展现民族文化的全部。

(3) 汉字是造字时代文化的瞬间固化,而不是民族文化演进的全程记录。汉字是时代的产物,造字时代的某些文化信息肯定会固化在它的构形里,但从此之后,除了字体的演变、构造法的变化以及新字的产生之外,它不会随着文化的发展变化而化形重构,所以,文字所能提供的信息是相对静态的、封闭的,而不是开放的、流动的,造字之前或之后时代的文化信息很难在文字中找到。

(4) 汉字是次第产生的,其所蕴含的文化信息也应该是次第分明的。今天所面对着的庞大的文字集合体不可能是上帝或某位圣人或某一群人的一挥而就,而是不同时代的人们在不同的历史时期所创造的,这就是文字产生的次第性。随之而来的,它所蕴含的文化信息也应该是次第的,处于不同的历史文化层面。但是,由于历史的悠远,尽管有历史上留存下来的各种字书的帮助,我们也不可能完全确定每一个字符产生的历史时代,也就不能确定每一个字符所蕴含的文化信息的时代背景。

(5) 不同的文字类型所蕴含的文化信息是有区别的。所有人类所使用的文字都是人类文化的产物,它们也都是人类文化的表现形式,也都蕴含着人类的文化信息。但是,由于人类所选择记录语言的方式不同,所形成的不同文字类型与文化的关系也就有疏密的区别。一般地说，拼音文字由于形音系联，所蕴含的文化信息较少；而表意文字形义系联，所蕴含的文化信息就相对多一些。汉字，尤其是古代汉字是表意文字，它与汉民族文化有着密切的关系，也就是在这个意义上说，汉字是汉民族历史文化的活化石。

掌握文字与文化的关系，尤其是汉字与汉文化的关系，可以帮助我们正确地认识汉字。它具有文化属性，又具有工具属性。我们既不能因为它的文化属性而与文化等同起来，也不能因为它的工具属性而简单地认为只要是工具都是与时俱进的，其他工具能改变，汉字也可以轻易地改变。掌握文字与文化的关系，还可以帮助我们突破"工具论"的限制，避免只把文字看成是记录语言的书写符号，而对它的文化功能视而不见；也可以帮助我们避免"文化论"的空而无当的猜想发挥，而对文字的工具属性予以否认或回避。

三、对"汉字文化"的考察

(一) 汉字文化研究发展历程

汉字文化是一门既古老又年轻的学科。早在文字创立之初我国人民就意识到了汉字与文化存在着联系，但直到 20 世纪才开始出现对汉字文化的理论研究。直至 20 世纪 80 年代才逐步建立汉字文化学学科，并逐步围绕汉字文化开始了学科建设和理论研究。

20 世纪上半叶，随着考古事业的不断发展，研究者开始通过甲骨文、金文来研究历史，通过对具体的古文字分析来推测古代政治、经济等历史现象，尤其是对史前文明的研究更有很多是以古文字为切入点。至此汉字文化开始走入人们视线。

20 世纪 50 年代到 70 年代，由于我国政治、经济发展等各方面的制约，我国的汉字文化基本处于停滞状态，鲜有研究成果问世。

20 世纪 80 年代后，随着语言学、历史学及各种文化学的不断发展，汉字文化研究开始走向繁荣。具体表现在：①汉字文化学著作不断问世。这一时期的著作不但数量多而且质量高，奠定了汉字文化学的基础。"仅八十年代的著作就占到了整个二十世纪汉字文化著作的 80%以上。"①著作之外还有价值较高的论文问世。②研究范围大大扩大。研究者开始把目光从集中在通过汉字研究古代历史这一范围扩大到通过汉字系统研究整个传统文化的范围。③开始注重汉字文化学的理论探讨。研究者开始尝试从理论上阐释汉字与文化的关系，探索汉字与文化间的互证方法。

---

① 章琼. 二十世纪汉字文化研究述评[J]. 语言教学与研究，2002(2)：73-79.

20 世纪 90 年代，汉字文化理论的研究开始兴起并得到发展。其中最有代表性的为王宁的《汉字与文化》，何九盈、胡双宝、张猛的《简论汉字文化学》，刘志基的《汉字文化综论》。这三部著作就汉字文化学的性质、研究对象和研究任务进行了广泛的探讨，为汉字文化理论的发展奠定了坚实的基础。

（二）汉字文化内涵

什么是"汉字文化"，学术界对此至今并无定论。主要存在如下几种观点：

1. 何氏说

何九盈先生在《简论汉字文化学》及《中国汉字文化大观·跋》中认为："汉字文化学是一门以汉字为核心多边缘交叉学科。尽管研究工作还有待深入，但这门学科的任务非常明确。一是阐明汉字作为一个符号系统、信息系统，它自身所具有的文化意义；二是探讨文字与中国文化的关系，也就是从汉字入手研究中国文化，从文化学的角度研究汉字。"依据这一界定，《中国汉字文化大观》论述了"汉字的起源"，"汉字形体的演变"，"汉字的书写工具与载体"，"汉字的特点"，"汉字的规范、注音和简化"，"汉字的研究与应用"，"汉字与汉民族文化"，"汉字与汉语及兄弟民族文字"，"汉字与文学艺术"，"汉字与年号、姓氏、避讳"，"汉字与意识形态、思维方式"，"汉字与兵、法、吏"，"汉字与衣食住行"，"汉字与经济活动"，"汉字与动物、植物"，"汉字在海外"等重要内容。

何九盈先生对汉字文化这门学科的性质和研究对象作了较为全面的阐释，但可惜的是，对什么是汉字文化却并没有给出一个明确的定义。他认为，对汉字文化无法给出一个完整的、能得到大家广泛认可的定义的原因是人们对"文化"一词本身就有分歧所致。为此，他认为："文化有四个方面的内容，即物质文化、精神文化、社会文化、语言文化。当我们谈汉字文化学的时候，就是从这四个方面对文化进行整体上、系统上的把握。"也就是说，他只是对汉字文化进行了"文化"角度的归类，而没有用"是什么"的方式找到其实质。

2. 王宁说

王宁先生在《说文解字与汉字学》的第一章中对汉字文化学的内容和任务进行概括时说："这种研究一方面是从汉字文化的角度看汉字，用文化的眼光来观察汉字、解释汉字。例如，对汉字构形依层次两两拼合的格局形成的文化原因的探讨，对汉字构形模式形成的文化原因的探讨，对汉字各种书体产生和成熟的历史社会背景的探讨，等等。总之，是把汉字视为一项在文化巨系统中的文化项，探讨它与其他文化项的互促、互抑因而能互证的关系。另一方面，是对汉字在构形中所携带的文化信息的分析，这种分析既有对个体字符的分析，又有对总体系统的分析。"《汉字构形学讲座》中她指出:"汉字文化学这种研究有两方面的目的:一方面是宏观的,即把汉字看成一种文化事象,然后把它的整体放在人类文化的大背景、巨系统下,来观察它与其他文化事象的关系,这是宏观汉字文化学;另一方面则是微观的,即要研究汉字个体字符构形和总体构形系统所携带的文化信息,对这些文化信息进行分析、加以揭示,这是微观汉字文化学。总之,汉字文化学是在作为文化事象的汉字与其他文化事象的互证中建立起来的。"

王宁先生对汉字文化学界说从宏观和微观两个层次,从"汉字文化事象"与"其他文化事象"之间的关系,"汉字个体字符构形和总体构形系统所携带的文化信息"两个角度分析了汉字文化,但这也是说"汉字文化有哪些",而未回答出"汉字文化是什么"。

3. 赵诚说

赵诚先生在《汉字文化探索》一文中对汉字文化学的研究内容论述说:"汉字是汉语的书写符号,汉语是汉文化信息的载体,而汉文化又包括各种类型的文化。因此,汉字与汉文化的各种类型文化有着千丝万缕的联系和多种形式的关联,研究汉字文化必须注意,也会在一定程度上涉及这些联系和关联,……但是,汉字并不等于汉字文化,而汉字文化又是汉文化下属的各种类型文化中的一种,如果汉字文化蕴含的研究过多地涉及汉文化的各种类型,则汉字文化的内容有可能不适宜地膨胀;另外,汉字不等于汉语,汉字文化不等于汉语文化,如果汉字文化不恰当地兼容了汉字学、汉语语言学(包括汉语的语法学、音韵学、词义学、修辞学)和语言文化学的内容,则汉字文化学将会显得相当庞杂。"

赵诚先生探讨了汉字与汉文化的关系,汉字文化与汉语文化的关系,但也只是谈及了汉字文化研究中应当注意的两个方面,仍没有回答"汉字文化是什么"这一命题。

4. 刘志基说

刘志基先生对"从汉字入手研究中国文化,从文化学角度研究汉字"并不认同。刘志基认为,汉字文化学这门学科,既非单纯地以历史文化现象来解释作为语言交际手段的汉字,也不是简单地以汉字为材料来探究文化史的问题。他认为,所谓汉字的文化功能,有广义和狭义两种。就广义来说,文字作为人类最重要的文化现象之一,其一切功能,包括其语言交际的功能在内,自然都可以视为其文化功能。从狭义角度看,汉字原本是为了记录语言以消除交际中的时空障碍而创制的,而它的主要社会功用的确是服务于汉民族的语言交际。与此相适应,传统的汉字研究,所关注的也只是汉字的语言交际功能。也就是说,汉字语言交际功能的研究已有深厚的传统与积累,而汉字语言交际功能以外的文化功能研究却是一片尚待开垦的处女地。因而,"作为一门新兴学科,汉字文化研究没有必要将汉字的语言交际功能纳入自己的研究范围。由此,汉字的文化功能便也可以专指其语言交际以外的文化功能"。 根据这一狭义的汉字文化功能,刘志基把汉字文化分为了"文化信息的蕴含"和"文化现象的塑造"两个方面。前者发轫于汉字的创制,后者则与使用汉字有关。

刘志基先生对汉字文化功能的广义和狭义的分类的见解很是独到。但是,侧重对汉字文化的狭义分类,其原因是"汉字的语言交际功能的研究已有深厚的传统与积累,而汉字语言交际功能以外的文化功能研究却是一片尚待开垦的处女地",只是因为在这方面研究欠缺而已,他并没否认作为语言交际功能就不是汉字文化的一部分。

语言文字学界关于汉字文化内涵研究的论述还有很多,像周有光先生、曹先擢先生、裘锡圭先生、臧克和先生等国内知名学者对汉字文化研究很多,但他们还未对汉字文化给出一个完整明确的定义。

20世纪的汉字文化学作为一门新兴的学科受到了越来越多人的关注,学科理论也得到了较快发展。但同时汉字文化学的研究还存在很多问题,诸如研究理论薄弱、研究思维贫乏、研究队伍不够壮大等问题还有待解决。但作为一门新兴的学科,这些方面的问题可以说是不可避免的,未来的发展还需要研究者们的不断努力。

(三) 界定渗透汉字文化范围

纵观汉字文化研究发展历程,不难发现汉字文化研究始终存在两条研究路径:

1. 由汉字研究文化

整个20世纪的汉字文化研究主要以由汉字研究文化为主线,鲜有从文化入手来研究汉字的研究。郭沫若的《甲骨文字研究·释臣宰》《中国古代社会研究》,陈独秀的《实庵字说》都是这一时期从汉字入手来研究文化的典型著作。20世纪80年代后,由汉字研究文化出现了新的方法。学者们开始由汉字中的某一类字或汉字整体来观照文化现象。代表论著有朱良志、詹绪佐的《中国美学研究的独特视镜——汉字》、吴长庚的《从甲骨文看人类早期的创造思维》等。还有一些研究者以部首为单位,对某一部字加以研究,用以研究与此相关的文化现象。如刘志基的《从部分女旁字看汉民族古代婚俗》,李海霞的《虫部字及其文化蕴含》,吴浩坤的《甲骨文所见商代水上交通工具》等论文都是从部首入手来讨论某一方面的文化现象。除论文外,还有一些较有影响的论著问世,如曹先擢的《汉字文化漫笔》、臧克和的《中国文字与儒学思想》、李玲璞主编的《古汉字与中国文化源流》等。

2. 由文化研究汉字

利用文化研究汉字的历史可以追溯到《说文》。在《说文》中作者对很多字的解释是建立在文化的基础上加以推测而提出的。但在 20 世纪 80 年代由于缺乏理论的指导，这一方式并没有得到更好发展。80 年代后，人们开始利用传统文化这一大背景下的某个文化项来研究汉字。如陆忠发在《说〈说文〉中的'个'字'宋'字》在对"宋""个"的构字理据分析时就大胆利用了关于古代建筑的研究成果。80 年代后至今，随着民族文化下各文化项的研究的深入，开始了利用某文化项中的研究成果对整个汉字系统中汉字构形、字义等方面的研究。这类研究有孙雍长的《汉字构形的心智特征》、申小龙的《论汉字构形的辩证思维》等。

在汉字文化研究日益发展的过程中，研究者们一直试图明确汉字文化的概念及其内涵和外延。作为一门新的学科，对于汉字文化的概念至今并无定论。关于汉字文化的概念大致包括两种观点：一种为"汉字的文化"，即把汉字作为研究本体，探讨汉字作为一个文化系统自身的文化构成。汉民族文化是汉字文化系统的母系统，对汉字文化系统有绝对涵盖性；汉字文化系统作为汉民族文化的子系统，其研究则只限于汉字文化本身。一种为"汉字与文化"，即把汉字作为汉民族文化的载体，通过对汉字的分析研究来探讨汉字形音义及汉字系统所负载的民族文化信息。对于这两种观点，何九盈先生说："汉字文化学是一门以汉字为核心的多边缘交叉学科。尽管研究工作还有待深入，但这门学科的任务非常明确。一是阐明汉字作为一个符号系统、信息系统，它自身所具有的文化意义；二是探讨文字与中国文化的关系，也就是从汉字入手研究中国文化，从文化学的角度研究汉字。"[①]

综上，汉字文化的概念包括微观和宏观两个层面：微观层面指"汉字的文化"，包括汉字的起源、演变、构形等基本规律；宏观层面指"汉字与文化"，即汉字自身所携带的、通过构意体现出来的各种文化信息与内涵。

根据以上对汉字文化的概念的分析，结合小学阶段识字教学的特点，本研究中的汉字文化范围采用宏观和微观层面相结合的原则，以更好地用于实践。

微观层面包括对汉字的起源、演变、构形等基本规律的阐释，具体落实为依据《说文解字》等著作或权威学术论断对 3500 个常用字的字形演变、字理、字义发展等进行汉字文化解析。宏观层面包括对汉字自身所携带的、通过构意体现出来的各种文化信息与内涵的分析。具体落实为利用汉字构形对《现代汉语常用字表》中所收的 3500 个常用字依据《说文解字》进行了部件归类，对所涉部件依据表意进行了意义归类和部件理据剖析，利用部件的表意功能建立汉字网络，揭示相关文化。

---

① 何九盈. 汉字文化学. [M]. 沈阳:辽宁人民出版社，1995(4)：324-325.

第三章　研究的设计与过程

本章将介绍与研究有关的方法论问题，包括总体和样本、研究工具、数据收集过程和分析数据的方法。

第一节　总体和样本

一、学校

本研究选择了山西省榆次区安宁小学为研究的总样本学校，该校在 2002 年 5 月被认定为山西省义务教育示范校，教师素质与生源质量在榆次区属中等水平，在选择样本时采用了随机抽样的方法，该校校长郑二英老师为本课题成员，保证了研究中各个程序的顺利开展。

二、教师

本研究选取了安宁小学 18 名来自不同年级的在岗语文教师进行了访谈。出于部分教师意愿，本文将隐去被访谈教师姓名，以保护个人隐私。为便于分辨，对重复姓氏的老师依据年龄以"小""大"进行分辨。

表 3-1　18 名被访谈教师的基本情况描述

	学历	学位	教龄	职称	授课年级
白老师	本科	学士	2	初级	一
王老师	本科	无	12	中级	一
程老师	本科	无	13	中级	一
小王老师	本科	学士	2	初级	二
郑老师	专科	无	30	高级	二
孟老师	专科	无	27	高级	二
大李老师	本科	无	19	中级	三
戴老师	专科	无	18	初级	三
张老师	本科	无	28	高级	三
吴老师	专科	无	13	中级	四

续　表

	学历	学位	教龄	职称	授课年级
小张老师	本科	学士	6	初级	四
小李老师	本科	无	15	中级	四
秦老师	本科	无	17	中级	五
大张老师	专科	无	32	高级	五
武老师	专科	无	25	中级	五
范老师	专科	无	24	中级	六
大武老师	本科	无	27	高级	六
韩老师	本科	学士	5	中级	六

在分层抽样时考虑了教师所代年级和教龄因素。每个年级选取三名教师为访谈对象，便于充分了解各年级段教师由于学情不同、教学内容不同而造成的对识字教学的认识、想法、教法的差异。教龄在教师的专业发展水平中存在较大影响，依照休伯曼所提出的教师专业发展五个阶段论的观点，本研究样本呈现如下分布：1~3年，求生与发现期，选取2名教师；4~6年，稳定期，选取2名教师；7~18年，尝新与自疑期，选取6名教师；19~30年，宁和与积守期，选取7名教师；31年之上，游离休闲期，选取1名教师。所选样本分布于五个教龄段，便于听取不同教龄段教师对识字教学的认识、想法、教法等。所选教师全部依照《教师访谈提纲》进行了半开放式访谈。

三、学生

本研究运用"分层目的抽样"的方法，在安宁小学六个年级共37个班中，按年级抽取了该小学每年级各两个班共652名学生进行问卷调查，所选学生全部完成了一份《小学生识字情况调查问卷》。

本研究随机选取两个一年级班级，一个为实验班，一个为对照班，实验班采用识字教学中渗透汉字文化的方法进行教学，对照班采用常规识字法进行教学，教学所用时间相同，读写练习次数相同。教学完毕后选择三个时段(分别为课后、24小时后、一周后)进行学习效果检测，所用检测手段相同。

从以上学校、教师、学生样本的选择中可以看出，本研究所选的样本学校在榆次区为普通小学，所选教师为该校各年级普通在岗教师，所选学生为该校行政班级中的普通学生。这样选择的目的在于使研究所得出的结论有较大的适用范围，便于今后其他学校在教学和研究工作中推广和借鉴。

第二节 研 究 工 具

本研究的研究资料主要是通过三种研究工具来收集的。这三种研究工具分别是《小学生识字情况调查问卷》《教师访谈提纲》《一年级识字情况测试题》。

一、调查问卷

根据研究需要，在参照相关小学识字教学调查问卷的文献的基础上，设计与编制出了《小学生识字情况调查问卷》。

《小学生识字情况调查问卷》由两部分构成，共16个题目。第一部分是开放性题目，第二部分是封闭性题目。

在第一部分开放性题目中，1、2题主要了解学生的学习兴趣；3-9题主要了解学生对教师课堂识字方法的反馈；10-15题主要为学生对自身学习效果的自我评价与测试。

在第二部分封闭性题目为第16题，该题分别就1-6年级设计了针对性题目，试题内容由一线教师在平时的练习测试题中抽取，用以测试学生对汉字的掌握程度，保证了试题的针对性和客观性。

二、教师访谈提纲

1. 访谈提纲的设计

为有效了解小学识字教学现状，访谈提纲主要围绕教师在实际教学中所采用的识字教学方法、教师对识字教学方法的认识和看法、教师对汉字文化的认识三个维度设计。

2. 访谈对象

榆次区安宁小学18名语文教师，每个年级选取2名，其中小教初级5名，小教中级7名，小教高级6名。采用半开放的访谈方式，围绕预先拟定的访谈提纲中的话题与受访者进行自由交流。

第三节 数据的收集

本研究中涉及三类数据，一是调查问卷的数据，二是访谈的数据，三是《一年级识字情况测试题》中的数据。三类数据分别采用不同的方式进行收集。

一、调查问卷数据的收集

笔者在 2015 年 9 月 21 日在山西省晋中市榆次区安宁小学向小学生发放《小学生识字情况调查问卷》，共发放问卷 654 份，回收 652 份。

表 3-2 调查问卷回复率

	一年级	二年级	三年级	四年级	五年级	六年级	总计
发放数量(份)	111	109	106	110	112	106	654
回收数量(份)	110	109	106	110	112	105	652
回复率	99.10%	100%	100%	100%	100%	99.06%	99.69%

二、访谈数据的收集

访谈数据的收集主要采用的是课后访谈。对所有的访谈以及所参加的专业活动全部使用录音笔进行录音，部分内容用笔记形式进行记录。

三、测试题数据的收集

测试题数据的收集主要采用当堂测试、当堂收回试卷的方式进行。测试随机选取两个一年级班级，一个为实验班，一个为对照班，两个班人数相同，实验班采用识字教学中渗透汉字文化的方法进行教学，对照班采用常规识字法进行教学，教学所用时间相同，读写练习次数相同。教学完毕后选择三个时段(分别为课后、24 小时后、一周后)进行学习效果检测，所用检测手段相同。检测完成后随堂收回试卷，以备后期分析。

第四节 数据的处理和分析

本研究有三种类型的数据，一种是调查问卷的数据，一种是访谈的数据，一种是实验数据。对三种类型的数据使用不同的方法进行了处理。

一、调查问卷数据的处理与分析

2015 年 9 月 21 日在山西省晋中市榆次区安宁小学向小学生发放《小学生识字情况调查问卷》，共发放问卷 654 份，回收 652 份。为了便于对它们进行整理分析，首先对学校与问卷进行了编号。其次，对 652 份调查问卷进行阅读和检查，检查发现有 3 份问卷存在以下问题：有 1 份问卷只填写了小部分内容，大部分内容空白；有 2 份问卷在每个题的答案选择上几乎完全一样。因此，笔者将以上 3 份问卷视为无效问卷，将其剔除，剩余 649 份问卷为有效问卷。

二、访谈数据的处理与分析

　　每次听课与访谈全部使用录音笔录制，为每个个案教师建立文件夹，每次访谈都建立一个子文件夹，子文件夹名中包含访谈对象的名字与时间。笔者用了近两周的时间将这些录音文件全部转换成文字，总共大约 7 万字。之后根据分析框架，进行分类编码。

三、实验数据的处理与分析

（一）实验过程

1．理论假设

　　小学识字教学中渗透汉字文化是提高识字效率、解决识字难题、丰富汉字知识的有效策略。

2．大纲与教材

　　所依据教学大纲为教育部于 2011 年制定的《九年义务教育全日制小学语文教学大纲》，所使用教材为山西省晋中市小学语文通用教材——苏教版《语文》课本。

3．实验报告

　　(1) 实验目的：检验小学识字教学中渗透汉字文化后的认读、默写效果。

　　(2) 实验内容：教授瓜、果、麦、珠四字。这四个字为苏教版小学一年级上认一认中的内容，且被试皆未学过。其中"瓜""果"为象形字，"麦"为会意字，"珠"为形声字。

　　(3) 实验方法：随机选取两个一年级班级，一个为实验班，一个为对照班，实验班采用识字教学中渗透汉字文化的方法进行教学，对照班采用常规识字法进行教学，教学所用时间相同，读写练习次数相同。教学完毕后选择三个时段(分别为课后、24 小时后、一周后)进行学习效果检测，所用检测手段相同。

　　(4) 实验时间：2016 年 9 月 12 日—14 日。

　　(5) 实验单位：山西省晋中市榆次区安宁小学。

　　(6) 实验人：赵红艳，安宁小学语文教研组组长，一年级一、三班语文教师兼班主任。

　　(7) 协助人员：程彩云，安宁小学一年级一班语文教师；王丽，安宁小学一年级三班语文教师。

　　(8) 指导者：张素丽，晋中师范高等专科学校中文系教师。

　　(9) 被试：随机抽取安宁小学一年级一、三班学生，具体情况见下表：

(10) 教学原则：实验组运用汉字文化与识字教学相结合的方法进行识字；对照组用常规识字教学法。

(11) 教学方法：

实验班：象形字"瓜""果"采用先由教师写出字形再出示与甲骨文字形接近的实物图片，然后出示甲骨文写法并分析字形及演变过程，渗透相关汉字文化，最后强化讲解字形并练习。会意字"麦"采用 flash 手段阐释甲骨文字形上下两部分的会意关系，然后出示甲骨文与简化字形对比，最后强化讲解字形并练习。形声字"珠"采用首先教师明确字形、字音，接着告知学生"王"为形旁、"朱"为声旁，强调形旁表意功能并调动学生举例说明，最后组织练习。

对照班：略

表 3-3 被试性别、年龄的比较

分组	n	性别		年龄
		男	女	
实验班	53	25	28	6.57±0.82
对照班	53	27	26	6.59±0.99
x 2/z		0.151		0.010
P		0.698		0.968

表 3-4 被试上学期语文数学成绩的比较

科目	实验班(n=53)	对照班(n=53)	z/t	P
语文成绩	79.81±5.37	78.81±5.65	0.329	0.742*
数学成绩	87.02±4.95	86±5.06	1.048	0.297

4. 实验过程

(1) 实验班、对照班同时教授实验内容，用时皆为 25 分钟。

(2) 效果检测：组织面试，先听写再拼读所学生字，运用生字各组五个词。用时 30 分。

5. 实验结果

表 3-5 被试认读与默写正确率的情况

组别	n	认读正确率						默写正确率					
		第一次		第二次		第三次		第一次		第二次		第三次	
		人次	%	人次	%	人次	%	人次	%	人次	%	人次	%
实验组	53	208	98.1	208	98.1	206	97.1	205	96.7	194	91.5	187	88.2
对照组	53	195	92	191	90.1	184	86.8	195	92	182	85.8	171	80.7

表 3-6　被试当堂读写正确情况比较

科目	实验组(n=53)	对照组(n=53)	z	P
认读	3.87±0.34	3.45±0.50	4.491	0.000
默写	3.81±0.40	3.66±0.48	1.754	0.079

表 3-7　被试第二天读写正确情况比较

科目	实验组(n=53)	对照组(n=53)	z	P
认读	3.83±0.38	3.25±0.62	5.191	0.000
默写	3.57±0.57	3.34±0.65	1.857	0.063

表 3-8　被试一周后读写正确情况比较

科目	实验组(n=53)	对照组(n=53)	z	P
认读	3.75±0.43	3.19±0.59	4.977	0.000
默写	3.43±0.57	3.09±0.63	2.774	0.006

由表 4、5、6 可知，比较被试三个时间段所进行的读写正确情况，当堂和第二天实验班与对照班差异并不明显，一周后则可认为实验班好于对照班。

表 3-9　被试运用能力比较

检测时间	实验组(n=53)	对照组(n=53)	z	P
当堂	4.79±0.41	4.02±0.50	6.829	0.000
第二天	4.83±0.38	3.77±0.42	8.502	0.000
一周后	4.75±0.43	3.72±0.45	8.018	0.000

由表 7 可知，比较被试三个时间段的运用能力，两班运用能力评分差异均具有统计学意义，可以认为实验班的运用能力皆高于对照班。

6. 结论

通过实验可得出：小学识字教学中渗透汉字文化可以有效提高学生对汉字音形义的掌握和记忆，对小学生汉字运用能力的提高也有明显帮助。

第四章 研 究 发 现

第一节 小学生识字现状

《小学生识字情况调查问卷》数据的统计与分析。

表4-1 学生学习汉字的主动性强弱评价

年级	一年级	二年级	三年级	四年级	五年级	六年级	
会	23 21.7%	27 25.5%	26 23.6%	29 27.1%	28 25.7%	30 27%	
不会	83 78.3%	79 74.5%	84 76.4%	78 72.9%	81 74.3%	81 70.0%	

你会不会主动学习汉字？

表4-2 学生不主动学习汉字的原因

不主动学习汉字的原因

	一年级	二年级	三年级	四年级	五年级	六年级
汉字太难	52 49.1%	47 44.3%	45 40.9%	41 38.3%	42 38.5%	41 36.9%
没有好的识字方法	38 35.8%	42 39.6%	44 40%	53 49.5%	55 50.5%	55 49.5%
其他	16 15.1%	17 16%	21 19.8%	13 12.1%	12 11%	15 13.5%

通过以上数据可得出：70%以上的学生并不能主动识字，其中一年级学生高达78.3%，可能与刚刚入学不适应小学学习生活有关，六年级学生为70%，可能与学生逐步养成的良好学习习惯有关，但还有进一步改善的空间；学生不能主动识字的主要原因在低年级表现为认为"汉字太难"，高年级则为"没有好的识字方法"。因此，在低年级的识字教学中应注意识字兴趣的培养，消除学生的畏难心理，高年级学生则应该加大识字方法的传授，使学生实现自主识字。

表4-3　学生错别字情况自评表

你可能写错别字吗？						
	一年级	二年级	三年级	四年级	五年级	六年级
不会	83 78.3%	85 80.2%	80 72.7%	76 71%	76 69.7%	72 64.9%
经常	11 10.4%	13 12.3%	13 11.8%	15 14%	17 15.6%	18 16.2%
偶尔	12 11.3%	8 7.5%	17 15.5%	16 15%	16 14.7%	21 18.9%

表4-4　学生形近字情况自评表

学习过程中你能区分形近字吗？						
	一年级	二年级	三年级	四年级	五年级	六年级
不能	15 14.2%	13 12.3%	16 14.5%	9 8.4%	20 18.3%	11 9.9%
能区分小部分	26 24.5%	25 23.6%	9 8.2%	15 14%	14 12.8%	17 15.3%
能区分大部分	51 48.1%	52 49.1%	74 67.3%	71 66.4%	72 66.1%	82 73.9%
能全部区分	14 13.2%	17 16%	11 1%	12 11.2%	3 2.8%	1 0.9%

表4-5　学生同音字情况自评表

在学习过程中你能区分同音字的意义吗？						
	一年级	二年级	三年级	四年级	五年级	六年级
不能	0 0%	0 0%	1 0.9%	2 1.9%	0 0%	1 0.9%
能区分小部分	0 0%	2 1.9%	6 5.5%	7 6.5%	7 6.4%	13 11.7%
能区分大部分	5 4.7%	7 6.6%	15 13.6%	19 17.8%	16 14.7%	17 15.3%
能全部区分	101 95.3%	97 91.5%	88 80%	82 76.6%	84 77.1%	80 72.1%

通过以上数据可看出，学生对自己存在错别字的现象评价在小学阶段随年级增长基本呈逐年上升趋势，到六年级只有 64.9%的学生认为自己不会写错别字。

在区分形近字的学生自评中，认为自己能全部区分的学生一年级为 13.2%，到六年级只有 0.9%，可见，作为小学识字难点的形近字辨析在识字教学中并未得到有效的解决。在区分同音字的学生自评中，一年级学生认为自己能全部区分的高达 95.3%，但到六年级已经降至 72.1%，可见随着学生所学生字量的加大，同音字的辨析也慢慢成了教学难点，探索同音字的识字方法也应受到重视。

表 4-6　学生生字表汉字读写情况自评表

	一年级	二年级	三年级	四年级	五年级	六年级
	\multicolumn{6}{上学期期末生字表上的汉字都会读会写吗？}					

上学期期末生字表上的汉字都会读会写吗？						
	一年级	二年级	三年级	四年级	五年级	六年级
都会	96 90.6%	98 92.5%	89 80.9%	86 81.3%	75 68.8%	68 61.3%
大部分会	5 4.7%	4 3.8%	13 11.8%	14 13.1%	11 10.1%	19 17.1%
会一半以上	3 2.8%	3 2.8%	5 4.5%	4 3.7%	18 16.5%	19 17.1%
会一半以下	2 1.9%	1 0.9%	3 2.7%	3 2.8%	5 4.6%	5 4.5%

通过以上数据可得出，低年级学生对生字表中生字的读写情况的自评较高，高年级则评价较低，甚至一些学生只能掌握一半以下。小学阶段生字表一般收字 2500－3000 字，这部分生字是学生开展阅读、写作的基础，也是学习其他各学科的先决条件。因此，符合小学教材教学进度且有效提高识记度的识字教学方法是契合小学教学实际的。

表 4-7　教师识字教学方法学生评价表

平时老师会换用不同的方法教生字吗？						
	一年级	二年级	三年级	四年级	五年级	六年级
不会	67 63.2%	84 79.2%	75 68.2%	77 72%	69 63.3%	65 58.6%
会	39 36.8%	22 20.8%	35 31.8%	30 28%	40 36.7%	46 41.4%

平时老师用什么方法来教你汉字(可多选)						
	一年级	二年级	三年级	四年级	五年级	六年级
用笔画教	95 89.6%	97 91.5%	93 84.5%	101 94.4%	97 89%	99 89.2%

续 表

平时老师用什么方法来教你汉字(可多选)					
	一年级	二年级	三年级	四年级	五年级	六年级
用部首教	87 82.1%	95 89.6%	96 87.3%	95 88.8%	89 81.7%	91 82%
用汉字的意思来教	11 10.4%	9 8.5%	11 10%	25 23.4%	21 19.3%	17 15.3%
其他	56 52.8%	48 45.3%	52 47.3%	54 50.5%	55 50.5%	53 47.7%

你喜欢老师用哪种方法教识字(可多选)					
	一年级	二年级	三年级	四年级	五年级	六年级
讲故事	98 92.5%	102 96.2%	99 90%	103 96.3%	96 88.1%	104 93.7%
讲字的来源、演变	101 95.3%	97 91.5%	102 92.7%	95 88.8%	85 78%	89 80.2%
将汉字归类，集中识字	65 61.3%	74 69.8%	95 96.4%	86 80.4%	89 81.7%	99 89.2%
在学课文时讲解汉字	82 77.4%	68 64.2%	82 74.5%	92 86%	92 84.4%	79 71.2%
其他	15 14.2%	16 15.1%	7 6.4%	56 52.3%	68 62.4%	59 53.2%

老师有没有讲过关于汉字的小故事，有没有趣味识字？					
	一年级	二年级	三年级	四年级	五年级	六年级
没有	46 43.4%	48 45.3%	53 48.2%	51 47.7%	49 45%	55 49.5%
偶尔讲	32 30.2%	37 34.9%	36 32.7%	34 31.8%	36 33%	40 36%
经常讲	28 26.4%	21 19.8%	21 19.1%	22 20.6%	24 22%	16 14.4%
识字课都会讲	0 0%	0 0%	0 0%	0 0%	0 0%	0 0%

通过以上数据可看出，在部分年级有高达 41.4%的教师在识字教学中采用单一识字方法进行识字教学，但也有部分年级教师会普遍采用多种识字方法灵活教学。在教师所采用的识字教学方法中，用笔画和部首进行识字教学为80%以上的教师普遍采用，用汉字的意思进行的识字教学则不到 20%，有的年级甚至只有8.5%。而学生最喜欢的识字方法则为讲汉字故事，高达 88.1%以上，在识字中讲解字的来源、演变也受到了高达78%的学生的欢迎，可见，探索新的识字方法，将汉字文化融入课堂的识字方法引入课堂将成为激发学生学习兴趣的重要方法。

表4-8　学生掌握字形理据情况评价表

你理解所学过的汉字的字形表示什么意思吗？						
	一年级	二年级	三年级	四年级	五年级	六年级
不了解	89 84%	98 92.5%	81 73.6%	94 87.9%	101 92.7%	95 85.6%
了解一小部分	14 13.2%	5 4.7%	21 19.1%	9 8.4%	6 5.5%	13 11.7%
了解大部分	3 2.8%	3 2.8%	8 7.3%	4 3.7%	2 1.8%	3 2.7%
了解	0 0%	0 0%	0 0%	0 0%	0 0%	0 0%

通过以上数据可看出，学生们对所学汉字的字形理据几乎一无所知，选择不了解的高达 73.6%以上，所有参加测评的学生无一人选择了解，可见字形理据在小学识字教学中渗透极少，改革识字教学、建立汉字形义联系是今后改革的重要方向。

表4-9　易错字教学学生评价表

对于忘记和写错的生字，老师会要你重复抄写吗？						
	一年级	二年级	三年级	四年级	五年级	六年级
会	95 89.6%	98 92.5%	96 87.3%	93 86.9%	87 79.8%	89 80.2%
不会	11 10.4%	8 7.5%	14 12.7%	14 13.1%	22 20.2%	22 19.8%

通过以上数据可看出，教师在处理学生识字问题的方法选择上较为单一，高达 79.8%的教师还会采用让学生进行多次抄写这种机械重复的学习方法。因此，探索改进实际识字教学效果的识字方法势在必行。

表 4-10　学生同音字、形近字掌握情况表

学生同音字、形近字掌握情况						
	一年级	二年级	三年级	四年级	五年级	六年级
60 分(满分)	35 33%	31 29.2%	32 29.1%	29 27.1%	30 27.5%	28 25.2%
50—59 分	48 45.3%	43 40.6%	45 40.9%	43 40.2%	46 42.2%	45 40.5%
40—49 分	21 19.8%	19 18%	22 20%	27 25.2%	26 23.8%	29 26.1%
30—39 分	2 1.9%	11 10.4%	10 9.1%	7 6.5%	5 4.6%	8 7.2%
30 分以下	0 0%	3 2.8%	1 0.9%	1 0.9%	2 1.8%	1 0.9%

通过以上数据可看出，学生形近字、同音字混淆现象严重。一年级能够全部答对的同学只有 33%，六年级已下降为 25.2%。且学生成绩主要集中在 50—60 分之间，说明大多数题学生都可以答对，但准确度不高，存在不够确定、明晰的情况。这主要是由于学生对部分同音字、形近字印象不深刻导致的。因此，探索解决小学识字教学中同音字、形近字混淆问题的研究势在必行。

第二节　教师识字教学现状

访谈资料和数据分析。

与调查问卷相比，对安宁小学 18 名教师的访谈所揭示的关于"教师识字教学现状"的数据更具有专门性和情境性。

对 18 名教师"课堂识字教学方法的使用"的访谈材料总结。

表 4-11　18 名被访谈教师的基本情况描述

	A	B	C	D	E	F	G	H	其他
白老师 (初级，一)	是	是	是	——	是	——	是	——	识字 视频
王老师 (中级，一)	是	是	是	是	——	——	是	——	
程老师 (中级，一)	是	是	是	是	——	是	是		

	A	B	C	D	E	F	G	H	其他
小王老师 (初级，二)	是	是	是	——	——		是	是	——
郑老师 (高级，二)	是	是	是	是	——	是	是	——	——
孟老师 (高级，二)	是	是	是	——	是	——	是	——	
大李老师 (中级，三)	是	是	是	——	——	是	——	是	
戴老师 (初级，三)	是	是	是					——	汉字 视频
张老师 (高级，三)	是	是	是	是	是	——	是	是	——
吴老师 (中级，四)	是	是	是	——		是	·		
小张老师 (初级，四)	是	是	是	——					
小李老师 (中级，四)	是	是	是	——	——		——	是	——
秦老师 (中级，五)	是	是	是	是	——				
大张老师 (高级，五)	是	是	是	是	——		是		
武老师 (中级，五)	是	是	是	——		是			
范老师 (中级，六)	是	是	是	——	是				
大武老师 (高级，六)	是	是	是	是	——		——	是	——
韩老师 (中级，六)	是	是	是	——	——		是		——

注：A=用笔画教，B=用拼音教，C=用偏旁、部首教，D=编儿歌、顺口溜等教，E=用汉字字形演变教，F=用字义教，G=用字形结构教，H=用汉字相关故事教。

通过上表和访谈过程可看出：

第一，教师在实际教学中乐于使用笔画、拼音、偏旁、部首进行识字教学。主要存在两方面原因：一方面，利用笔画、拼音、偏旁、部首进行识字教学教容易上手，对教师和学生要求不高，不需要多做课前准备就可以开展。在长期实践中，教学效果不错，于是得到广泛认可。另一方面，教师在长期教学中养成了教学习惯，深层说是思维定式，不愿意去过多尝试新的教学方法。

第二，教师在实际教学中对汉字字形演变的利用不高。通过访谈发现原因如下：一是识字理念不同。部分教师认为使学生对生字读写过关最重要，而实现的途径最好是重复，引入汉字字形演变会使课堂变得有趣，但知识的落实会被忽视。二是能力不足。部分教师在外出学习时接触到了汉字文化的相关知识，但由于自己知识结构所限，不会运用。在课堂上只能按照自己常规的教学方法进行，有时也会偶尔进行汉字解析等尝试。

综上，教师识字教学现状，将为策略的提出提供现实依据。

第五章　小学识字教学中渗透汉字文化的教学体系的提出

综合小学识字教学实际和相关研究结论，主要提出两个教学体系，即构建汉字网在识字教学中渗透汉字文化的教学体系和依据教材编排顺序在识字教学中渗透汉字文化的教学体系。

构建汉字网在识字教学中渗透汉字文化的教学体系的指导思想为分类别识字，即以类别分设汉字系统专题，归类集中识字。同类汉字系统有着表意相同或相似的部件，这些部件所统辖的汉字携带着相似或相互关联的汉字文化，采用集中识字可起到举一反三的识字效果，节省阐释单个汉字所蕴含的汉字文化的精力，大大提高识字效率。

依据教材编排顺序在识字教学中渗透汉字文化的教学体系的指导思想为依据教材对生字的编排顺序分学段识字。依据 2011 年版《义务教育语文课程标准》将小学阶段分为三个学段的特征，考虑到各学段儿童身心、认知发展的不平衡性，识字教学也应体现学段特点。在教学中要重视识字与阅读教学的相互促进作用。现阶段，我国小学语文课本一般对识字的编排为随文识字。依据汉字系统的集中识字虽有着较高的识字效率，但随文识字的适用范围更广。

在随文识字时渗透汉字文化可从以下方面入手：

(1) 依课归纳。依据所学课文，进行汉字分类归纳。如依据形声字声符、义符特点对苏教版语文一年级上册第 7 课的生字进行分类归纳：左形右声的生字有秋、姑、娘、信、摘、村 6 个。该课教学结合形声字特点学习生字，并适时渗透各字汉字文化，将加强对生字的理解识记，培养自主识字能力。

(2) 随文析字。掌握汉字所蕴含的汉字文化，有助于培养学生对汉语言文字的敏感性，增强对文本的感悟能力，体味汉字字斟句酌间的细微差别，从而获得较高层次的审美体验。如：在讲解课文《秋姑娘的信》时，教师如能讲解"信"的汉字文化，让学生懂得中国人写信的历史，通过"家书抵万金""岭外音书断"等诗句和"见字如面"等成语让学生了解书信对于生活的重要性和温暖心灵的力量，就更能理解秋姑娘为什么要写那么多的信，更深的理解课文内容。

第一节　构建汉字网在识字教学中渗透汉字文化的教学体系

一、第一阶段：策略依据

1. 依据课标

我国 2011 年版《义务教育语文课程标准》中对小学识字提出了目标和要求，笔者在研究背景中已做分析，在此不再赘述。需要强调的是：课标中的三维目标，即知识和能力、过程和方法、情感态度和价值观，是进行语文课程改革和新教学策略提出的根本依据。小学识字目标是对三维目标的细化。这些课程目标要求如何在小学识字教学过程中加以落实并有可操作性是我们提出小学识字教学策略的立足点。

2. 依据核心素养要求

自 2014 年教育部印发《关于全面深化课程改革，落实立德树人根本任务的意见》后，各学科便开始了适合各学段的分学科学生核心素养的研究。语文核心素养的要素教育界基本在"语言理解与运用""思维发展与提升""审美发现与鉴赏""文化传承与发展"四方面达成共识。[①]同年，教育部还颁发了《完善中华优秀传统文化教育指导纲要》(以下简称《纲要》)。《纲要》指出：加强中华优秀传统文化教育，是深化中国特色社会主义教育和中国梦宣传教育的重要组成部分；是构建中华优秀传统文化传承体系，推动文化传承创新的重要途径；是培育和践行社会主义核心价值观，落实立德树人根本任务的重要基础。为此，《纲要》规定了开展中华优秀传统文化教育的主要内容，包括开展以天下兴亡、匹夫有责为重点的家国情怀教育，以仁爱共济、立己达人为重点的社会关爱教育，以正心笃志、崇德弘毅为重点的人格修养教育等。具体到小学语文识字教学，将汉字文化渗透到识字教学中便具有了较大研究价值和意义。

3. 依据语文学科特点

语文学科与其他学科相比，有着自身的特点。语文学科的学习目标更多地表现为能力目标和素养目标，评价体系很难采用传统的试卷形式的量化课程评价体

---

① 徐林祥、郑昀. 基于语文核心素养的"语用热"再认识[J]. 全球教育展望，2016(8)：28.

系反映真实的学习水平，而质性评价体系的建立与推广在我国仍需要较长时间。因此教学一线为提高学生成绩仍强调知识目标的习得，这便导致学习目标与学习内容不一致甚至脱节，由于语文学科想要达到能力和素养目标只能通过长久积淀、熏染，在量化评价体系中体现并不明显，教师在教学中进行此项训练成了出力不讨好的事，长此以往便导致了培养对象的语文运用能力和语文素养不高。相较于其他学科如数学，学生学习内容就是教学目标中最重要的部分，试卷形式的量化课程评价就可以基本反映学生的学习水平。这便要求教师需要在实际教学中在落实具体知识的同时兼顾能力目标和素养目标，而在识字教学中渗透汉字文化便是一条较为可行的路径。

4. 依据小学教师现状

小学教师汉字文化基础薄弱。在访谈中发现，很多教师有渗透汉字文化的意识，但对于部首分类及所蕴含的汉字文化并不能很好把握。因此，如果要使本策略更好地应用，必须重视对小学教师的培训。

以上小学识字教学现状，将为策略的提出提供现实依据。

二、第二阶段：准备资料

1. 明确相关概念

汉字是由笔画和部件构成的，不同的笔画和部件构成不同的汉字，从而承载了不同的汉字文化。"人之不识字也，病于不能分。苟能分一字为数字，则点画必不可以增减，且易记而难忘矣。"[①]可见，对汉字进行笔画和部件分析是科学识字的基础，也是培养自主识字能力的有效手段。

(1) 笔画。笔画，是指写字的时候每一次从落笔到收笔所写出的点或线。笔画是构成汉字的最小的、最基本的零件，是书写和记忆汉字的基本单位。

汉字的笔画包括基本笔画和复合笔画。复合笔画，是由基本笔画派生的，是笔画运行方向变化形成的。比如，横这个基本笔画，因为书写运笔轨迹发生方向变化，可以派生出横折、横撇、横折提、横折折、横折斜钩、横折弯钩、横折折折钩、横折折折等多种复合笔画。

依据国家语委和国家新闻出版署于 1997 年颁布的《现代汉语通用字笔顺规范》，结合苏教版教材中所选生字，指导学生掌握汉字基本笔画、笔形和笔顺，使学生基本掌握所学汉字的结构和写法，完成课标中"掌握汉字的基本笔画和常用的偏旁部首，能按笔顺规则用硬笔写字，注意间架结构。初步感受汉字的形体美。"

[①] 王筠. 文字蒙求[M]. 上海. 中华书局，2012：5.

①的目标要求。书法是汉字文化的一部分，感受汉字线条所传递的美感更有利于激发学生对汉字的学习兴趣和汉字文化的感悟力。

(2) 部件。在汉字分类中经常出现按部件、部首、偏旁进行分类的方法。在此我们先对三个概念进行区别：

部件。部件是构成汉字形体的基本单位。部件中有一部分本身就是独立的字，如：构成"明"字的部件"日"和"月"。有一部分则不能独立成字，如构成"刃"字的"丶"。

部首。汉字部首的定义是相对于汉字部件而言的。部首是具有字形归类作用的部件，是字书(包括部分词典)中各部的首字，专为汉字分类检索而设立。依照汉字字形特点，选取字形中相同部分进行归类，相同的部分即为部首，取一部之首之意。汉字部首的分类应起源于东汉许慎的《说文解字》。《说文解字》根据小篆的字形特点，将全书所收共 9353 个汉字分列 540 部，各部所列第一个字为该部部首。现在流行的字典基本承袭这一方法，以方便检索。

偏旁。偏旁是专就合体字而言的。起初将合体字左边部分称为"偏"，右边部分称为"旁"，后来不分左右上下将字的组成部分皆称为"偏旁"。一般将在一个字中表示字义的部分称为"形旁"，将表示字音的部分称为"声旁"。一个合体字可以由两个或两个以上的偏旁构成。

汉字部件具有如下几方面的特点：

一是汉字部件对合体字的统辖性。汉字中绝大部分为合体字，汉字部件可以统辖汉字中的几乎所有合体字。"部件可以揭示部辖字的类别和范畴……汉字体系就像一棵参天大树，那么几百个部首就是树的分支，成千上万的汉字就是一片片绿叶"。②部件作为合体字的组成字符，对全部合体字起到了统辖作用。

二是汉字部件的表意性。汉字是表意体系的文字，汉字部件具有一定的表意功能，通过部件了解字义，建立汉字字义类属，从而推知出其所携带的汉字文化知识是一个简便而且切实可行的方法。利用部件，可以建立起汉字表意性的知识系统，研究分析部件，揭示部件所蕴含的汉字文化，对小学生建立汉字形义关系、建立大多数汉字的意义类属，推知汉字所携带的汉字文化起到积极作用。

由上可发现，汉字部件是汉字部首和偏旁出现的依据，部首和偏旁是在部件的基础上产生的，运用部件进行识字也更符合汉字规律。考虑到部编本教材特意编录了《常用偏旁名称表》、小学生在学习过程中对部首检字法较为熟悉，在此基础上引入部件的概念师生容易接受，在对汉字进行分类时便以部件为依据进行。

由于作为统编教材的部编本课本尚未全套发行，以部编本生字表为研究对象

---

① 中华人民共和国教育部. 义务教育语文课程标准[M]. 北京：北京师范大学出版社，2011：7.
② 刘庆俄. 字形义通释[M]. 北京：首都师范大学出版社，2008：2.

明显不可行。经过研究、对比之前人教版小学语文教材的生字选录情况发现：人教版《语文》与1988年制定的《现代汉语常用字表》相比，两者共同拥有的汉字种数为2179字(两者字种总量为2797)，重合率为78%，重合生字占人教版《语文》生字种数的88%，占常用字表的87.1%，共同的生字占到了近90%。剩余的10%左右的未重合字，经过比对发现，这些字的主要来源有两种，一是如"一乙二十丁"这样笔画较少的汉字，这类汉字实际上在学生进入小学之前，即学前教育时期就已经掌握，因此没有作为生字收录到生字表中；另一类则是少量古汉语常用字，现代小学语文教学中，古诗词以及文言文是重要组成部分，对于学生了解古代文化，增强古文解读能力、运用能力有重要作用。因此，学生也需要掌握部分这类汉字如"嫦丞鼎霎"等。因此，以《现代汉语常用字表》为研究对象，基本可以解决小学识字中所遇到的字量、字种的问题。

2. 分类汉字

汉字是表意为主的文字，字形本身具有一定的理据性和可释性，但在流传过程中理据性和可释性由于隶变、楷化、简化等原因逐渐降低或消失。1965年，倪海曙在《光明日报》发表《汉字部件应该规定名称》一文中第一次提出"部件"这一名称，2009年在教育部、国家语委印发了《现代常用字部件及部件名称规范》将"部件"定义为由笔画构成的具有组配汉字功能的构字单位，并选取514个部件作为现代常用字的部件。部件作为汉字结构单位解决了现行汉字利用笔画和偏旁进行理据分析时单位过小或过大的问题。隶变前的汉字一般由字形就可解出字义；隶变是在保留字形理据的基础上进行的字体变形或简化，亦有规律可循；现行字的简化由于特殊历史时期普及教育的需要，对汉字数量和笔画数进行了较大删减，使汉字由字形表意走向符号表意，而"部件"就是携带汉字理据的符号。现行汉字中有着相同部件的汉字往往携带着相同或相似的字义类属，因此"部件"作为比偏旁更为细化分析汉字的结构单位，是解析现代汉字构字理据的关键点。在汉字"笔画——部件——整字"三级结构单位中，三十多种笔画构成了部件，五百多种部件组成了千万计的汉字。"人之不识字也，病于不能分。苟能分一字为数字，则点画必不可以增减，且易记而难忘矣。"[①]对汉字进行部件分析是科学识字的基础，也是培养自主识字能力的有效手段。

第一步：找出《现代汉语常用字表》中所涉部件并归类。

从部件表意功能入手，依据《说文解字》和知网数据库中文字学权威专家如裘锡圭、王宁等的研究观点，对《现代汉语常用字表》中所收汉字的部件进行了搜集。《说文解字》所收540部，有些部件将不予选取：①失去可释性或可释性不

---

① 王筠. 文字蒙求[M]. 上海. 中华书局，2012：5.

强的部件。由于汉字形体的不断演化，很多汉字部件已失去可释性或可释性已不强，在选择部件时一般不选取此类，如丨、亅、丿等部件；②《现代汉语常用字表》无该部件所涉生字。有一些《说文解字》中的部件在《现代汉语常用字表》并无汉字由这一部件组成或这一部件在所涉汉字中只是表声，也不予选取。

由于汉字部件有一定的表意作用，多数汉字部件是由独体字构成的，具有一定的可释性，依据这一特性可以对汉字部件进行表意归类。结果如下：

与人类生活有关的部件：

巳　子　氏　亻　人　母　女　老　儿　兄　兑　尧　兒　兀　鬼　匕　亡　欠　卩　己　尸　吊　欠　亡　壬　方　勹　立　夭　上　帝　辛　天　示

与人的身体有关的部件：

身　月　夕　肉　骨　体　皮　心　忄　页　面　首　须　髟　发　目　自　皆　鲁　者　百　鼻　耳　牙　齿　口　舌　甘　言　讠　音　可　叩　脊　手　扌　𠂇　攵　又　右　殳　支　寸　力　爪　力　聿　足　止　夂　夆　夊　之　正　辶　癶　广

与植物有关的部件：

中　不　丕　之　廿　丰　产　隆　夆　孛　彗　邦　生　产　韭　木　甫　竹　竹　聿　支　崇　木　未　東　才　干　庚　丬　片　禾　束　束　帚　糸　系　寮

与动物有关的部件：

乙　虫　它　也　龙　万　鱼　龟　隹　鸟　弋　习　非　升　兽　羊　牛　虍　豖　犬　犭　彖　马　象　为　能　兔　鹿　庆　鼠

与建筑有关的部件：

亠　宀　向　尚　宀　广　穴　奐　卤　户　栅　仓　门　冖　南　内　丙　网　冈

与容器有关的部件：

凵　皿　皀　臼　臽　缶　畐　酉　亯　享　鼎　员　真　贞　鬲　由　西　卤　覀　其　匸　勺　斗

与兵器有关的部件：

戈　𥬔　我　戉　戊　王　士　易　斤　父　矛　刀　刂　乂　弓　矢　函　备　单

与工具有关的部件：

工　丂　举　卜　玉　贝

与天气有关的部件：

云　雨　月　日

　　以上对汉字部件共分了九大类，但出于类别过多过于庞杂的考虑和精力所限，依然存在一些部件未归入其中，如：火、灬等，随着今后研究的深入，将会逐步补充完善。

　　第二步：依据部件对所涉汉字归类。

　　《现代汉语常用字表》1988 年由国家语言文字工作委员会、国家教育委员会共同发布，共收常用字 2500 个，次常用字 1000 个。此表几乎涵盖了一般小学语文教材中的所有生字。因此，将表中所收生字作为研究对象，研究结果对小学识字教学具有普适性。

　　构成汉字的大多数部件本身具有字形理据。在某一部件所统辖下的汉字往往共同携带着某一相同或相似的汉字文化信息。深层认识每个部首的字形理据、字形演变将有助于理解整部所辖汉字的字形理据等汉字文化内容，是解决识字问题的一条捷径。

　　部件对所辖汉字有领属作用，利用部件的表意性进行集中识字将会有效提高识字效率。很多部件本身为独体字或独体字的变形，在充当合体字的构字部件时依然有着较强的表意性。如："女"部所涉生字"好"、"姑"、"娘"、"妈"、"她"、"嫩"基本都与女性有关。

　　依据部件对汉字的统摄性，将《现代汉语常用字表》中所收汉字进行部件归类，在归类中，尽量依据具体汉字中表意部件进行归类，如"停"字，"亻"是表意部件，"亭"是表音部件，因此归类时便归入了"亻"部。具体分类如下：

　　与人类生活相关的部件及所统辖的汉字：

　　巳：巳 包 起 熙

　　厶：充 育 疏 流

　　子：子 孔 乳 字 仔 呆 保 存 弃 了 充 孕 好 孙 孟 季 孛 勃 学 觉 教

　　氏：氏 昏 婚 纸 低 底 抵

　　亻：俺 傲 伴 傍 保 倍 备 便 伯 侧 偿 倡 侈 仇 储 伺 促 催 代 但 倒 佃 俄 伐 仿 份 佛 伏 俘 俯 付 傅 供 估 何 候 侯 化 伙 佳 假 价 俭 健 僵 侥 杰 借 仅 俱 倦 倔 俊 傀 儡 例 俐 俩 僚 伶 伦 侣 们 你 偶 佩 僻 偏 企 仆 侨 俏 倾 仁 仍 任 儒 僧 傻 伤 伸 什 使 侍 似 俗 倘 体 停 偷 偎 伟 伪 位 伍 侮 侠 仙 像 休 修 俨 仰 依 伊 仪 倚 佣 优 佑 仔 债 仗 侦 侄 值 仲 传 住 作 做

　　女：母 每 敏 繁 毒 海 民 始 姓 好 婴 要 娄 奴 妻 妥 娶 嫁 妇 如 委 威 安 姓

　　耂：老　考　孝　寿

　　儿：见　觅　觉　览　兄　况　祝　兑　说　悦　阅　脱　税　蜕　锐　允

竞　竟

境　镜

　　尧：烧　晓

　　兒：貌　凶

　　兀：兀　秃　冗　元　玩　完　院　冠　寇　免　娩　勉　晚　挽　先　铣

光　亮　晃　恍　幌　辉　耀

　　鬼：鬼　魂　魄　魔　畏

　　匕：匕　比　皆　庇　北　乖　化　货　讹　尼

　　卩[jié]：令　命　邑　服　报　印　卿　昂　抑　迎　起　御　己　怨　宛

危　卷

　　尸：尸　尺　局　尾　犀　尿　屈　屏　屋　居

吊

　　欠：吹　炊　歌　羡　盗　既

　　亡：丐　望　丧　盲　忘　荒　慌　网

　　壬：呈　圣　望　听　重　任　廷　凭

　　方：方　旁　边　防　放　宾　芳　坊　访　纺　仿　房　妨　螃　傍　膀

族　旋　旅　于　施　旗

　　勹[bāo]：包　旬　陶　鞠　匈　蜀

　　立：并　普　位　拉　泣

　　天：上　帝　辛　夭

　　示：神　祝　悼　福　祸　祥　祭　礼　辛

　　与人体有关的部件及所统辖的汉字：

　　身：躯　躬　穷　射　谢　殷

　　肙：殷

　　夕：夕　夜　梦　外　多

　　月：胚　胎　肌　肤　唇　肺　肾　脾　肝　胆　胃　肠　膏　肪　背　胁

膀　肋　肩　胳　臂　肘　脐　腹　胯　股　脚　肖　肥　脱　肿　腊　膳　肴

胡　膘　脯　修　膊　胜　臊　腥　脂　腻　膜　腌　脆　胶　腐　筋

　　骨：骨　体

　　皮

　　心：心　息　情　性　志　意　应　慎　忠　快　念　愿　慧　恭　恢　慨

恕　慈　恩　庆　忧　惟　怀　想　惧　恃　悟　慰　慕　怕　恤　急　辨　愉

51

愚　态　悍　怪　慢　怠　惰　懈　忘　忽　惕　惑　忌　忿　怨　怒　恶　憎
恨　悔　愤　闷　惨　凄　悲　惜　感　忧　愁　悠　悴　悄　患　悼　恐　惶
耻　怜　忍　惩

页：页　头　颜　颂　颅　颠　顶　题　额　颊　颈　领　项　硕　颁　顽
颖　顾　顺　顿　颇　颤　烦　显　须
面
首

髟：发　鬓

目：目　眼　瞒　盼　睹　睦　瞻　相　眷　督　看　睡　眯　眇　盲　眉
省　盾

臣：卧　临

自：自　皆　鲁　者　百　鼻

耳：耳　耽　耿　聊　联　圣　聪　听　职　声　闻　聘　聋　耸　聂

牙：牙　齿

口：口　吻　咙　喉　吞　咽　哆　咳　吭　叽　含　哺　味　唾　喘　呼　咸
吸　吹　名　哲　君　命　咨　召　问　唯　和　唱　听　唉　哮　台　启
呈　右　吉　周　唐　吐　吃　嗜　唠　喷　唇　吁　呻　吟　叫　叹　喝　哨
各　各　否　喧　哀　吠　咆　哮　啄　唬　局　加　可

舌：舌　活　舔　话　括　恬

甘：甘　甜　某　香

讠：语　谓　谈　谅　请　谒　许　诺　诸　诗　讽　读　诵　训　诲　譬
谆　谋　访　论　议　订　详　识　讯　谨　信　诚　诫　誓　蔼　证　诉　说
计　谐　调　话　警　谦　谊　设　记　誉　谢　谚　讶　讲　认　讥　诬　诽
谤　诅　误　诞　谬　谎　诈　讼　诉　谴　让　诡　证　谁　诊　讨　讳　谍
该　译　订

音：音　章　竟

吅(xuān)：严　单　哭　丧　咒

脊

手：掌　拇　指　拳　抠　揖　攘　拱　捡　推　排　挤　抵　催　拉　挫
扶　持　挚　操　搏　摄　挟　揽　握　掸　把　拿　携　提　按　控　撩　措
插　抢　择　捉　撮　授　承　挡　接　招　抚　揣　投　摇　挑　挠　扰　据
摘　揪　搂　披　掉　摇　扬　举　掀　揭　拯　振　扛　扮　捎　擅　损　拟
失　拨　抒　拓　拾　援　拔　挺　探　挥　摩　搅　撞　扔　括　技　摹　拙
掘　掩　播　挨　扑　捶　拂　击　抗　捕　挂　拱　捐　捷　扣　换　掖

ナ：左　右　有　灰　差

攵：敏　整　效　故　政　数　敝　改　变　更　便　敛　敌　救　赦　敦
败　寇　鼓　收　攻　敲　叙　牧　教　启　声

又：又　右　叉　父　曼　皮　圣

殳(shū)：殴　敲　般　殷　殿　段　毅　役　杀　投　击　发　毁　段　疾
病　医　寸：寸　寺　将　专　道　皮　守　待　等　时　寻　封　邦　讨　付
府　得　夺　奋　尊　耐

力：力　劝　功　加

爪

为：为　采　彩　菜　舀　稻　蚤　虐　称

力：力　功　助　勉　劝　劲　胜　动　劣　劳　券　加　勤　勇　勃　劫
募　协　胁　协　男　虏　劳　剿　巢　幼

聿：笔　律　建　画　书　昼　肃　萧

足：足　跟　跪　踢　跨　蹈　践　跳　跋　跌　踢　蹲　跨　距　路

止：止　历　归　正　乏

夂(zhǐ)：降　复　各　夏　冬　来　麦　忧　后　爱　庆　夆 fēng　逢　峰
锋　蜂　缝　篷　蓬

夊(suī)：致　爱　夏

乏：乏　贬

正：定　征　是

辶：迹　违　迈　巡　逝　述　遵　适　过　造　进　逾　速　迅　逆　迎
遭　遇　逢　逆　通　迁　运　返　还　选　送　遭　逮　迟　逗　避　违　达
连　迷　遗　遂　逃　逐　追　近　迫　遇　遮　逞　远　迁　道　边

癶(bō)：登　发　葵

与植物有关的部件及所统辖的汉字：

屮：出　屯

不：不　否　丕　胚

之

艹：莊　芝　莆　藿　莠　苏　苊　葵　蓼　薇　苋　芋　莒　蘧　菊　荤
菁　芦　苹　蓝　兰　苣　薰　苌　蓟　芨　薛　苦　菩　茅　莞　蔺　蒲　蔗
莩　梦　蕃　苓　蒌　茜　薛　苞　艾　芹　芸　苓　蒹　莲　茄　荷　茏　萝
蔚　萧　芍　苠　菀　葛　蔓　芜　荜　菌　荼　蓂　荆　芽　萌　苗　茎　叶
茉　葩　英　姜　蕤　荚　芒　茂　荫　苴　荟　苍　萃　苗　苟　芜　荒　落
蔽　蔫　蔡　苃　菜　薄　苑　薮　芳　药　芟　荐　藉　茨　茸　苦　藩　茎

若　莜　苴　茵　茭　茹　萎　苣　蒸　薪　蕉　卉　蒜　芥　葱　苟　蕨　莎
堇　菲　苇　葭　莱　荔　蒙　范　艿　萄　蔷　苕　荼　蒿　蓬　藜　葆　蕃
茸　蓄　薅　莫　莽　葬
　　丰：丰　产　隆　青　清　蜻　情　晴　请　精　睛　氰　菁　静　靖　倩
猜　靛　奉　丰　毒　夆　逢　峰　锋　蜂　烽　孛　脖　勃　彗　慧　素　封
邦　梆　绑
　　生：生　牲　姓　性　笙　甥　星　醒　腥　猩　惺　产　铲　隆　窿
　　韭：韭　韯　歼　忏　签
　　朩 [pìn]
　　甫
　　⺮：竹　箭　簬　筱　箬　笨　篆　籀　篇　籍　篁　简　等　范　笺　符
筮　笄　筵　簟　箅　箸　篓　篮　篝　竿　笼　箝　笠　箱　策　答　箴　竽
笙　簧　箫　筒　籁　管　笛　筑　筝　筹　笔　算　笑　第　簸　箕　筋
　　耑[duān]：湍　惴　踹　瑞　端　揣
　　木：木　本　末　朱　未　果　杏　李　某　叶　蝶　漆　林　禁　森　楚
樊　攀　橘　橙　柚　梨　柿　梅　桃　楷　桂　棠　杜　椅　梓　楸　榛　栩
枇　桔　柞　梢　梭　枸　杨　柳　棣　枳　枫　权　柜　槐　机　杞　檀　栎
梧　荣　桐　榆　梗　松　柏　机　栀　某　树　株　根　杈　枝　朴　枚
　　耒[lěi]：耕　籍　藉
　　東：东　舆　栋　重　动　量　粮　童　陈　曹　遭
　　才：才　材　在　存　闭　财　豺　哉　栽　戴　裁　载
　　干：干　扦　讦　赶　插　旱　杆　竿　秆　刊　轩　罕　庚　康　慷　唐　庸
　　爿[pán]：戕　臧　藏　脏　渊　肃　萧　床　寝　寐　寤　妆　将　奖　状
壮　疾　病
　　片：片　版　牒
　　禾：禾　黍　稻　稷　稟　廪　来　香　麦　墙　种　移　齐　斋　秉　兼
廉　利　莉　俐　梨　黎　犁　秀　绣　锈　莠　诱　透　穆　秋　愁　鳅　揪
锹　年　科　秤　程　租　税　和　合　秦　委　秃　季　历　雳
　　束：束　速　赖　懒　辣　速　敕　整　刺　赖　懒　辣
　　柬：拣　练　谏　炼　阑
　　朿[cì]：黍　稻　稷　来　麦　香　稟　廪　啬　墙　历　种　移　齐　斋
秉　兼廉　利　秀　穆　秋　年　科　秤　程　租　税　和　秦　委　秃　季
刺策　棘　责　债　绩　刺　棘　枣　策　责　债　积
　　帚：帚　侵　浸　寝　掃　妇　归

糸[mì][sī]：系 蓄 牵 弦 幻 么 幼 乱 辞 奚 率 后 素 经
线 绵 絮 缀 网 维 罗 纽 紧 绥 纠 缉 系 辔 纳 给 洁 绝
约 组 综 繁 茧 累 系 县 悬 索 孙 鲧 兹 慈 关 联 乐 几 幽
断 继 显 湿 变 弯 銮 娈 鸾 孪 挛 恋 蛮

尞：燎 撩 僚 瞭

与动物有关的部件及所统辖的汉字：

乙：乙 挖

虫：虫 蚤 蛊 蚕 蜀 独 烛 蜚 蚩 难 强 闽 禹 虹 风 飘
飓 飒 枫 疯 禺 偶 寓 虽 蛹 螟 蜻 蜓 蛾 蚁 蟥 蝶 蝗 蜡
蜕 蚀 蚌 蛤 蟆 蝙 蝠 蛮 蚤 蠢 龟 鳖 卵

它：他 佗 她 蛇

也：也 迤 施 地

龙：龙 泷 庞 宠 龚 聋

万：万 愚 厉

鱼：鱼 渔 鲜 苏 鳖 鲁 鲸 鲤 鲢 鲫 鳍 鳞

龟：龟 蝇 绳

隹：维 罗 惧 离 灌 观 罐 获 翟 耀 雉 鹰 雄 虽 焦 蕉
礁 瞧 鸡 雁 进 雀 雇 顾 夺 双 奋 又

鸟：鸟 凤 乌 鸭 鹅 鸦 鹦 鹉 鸽 鸿 鸵 鸳 鸯 鹏 鹊 鹤
鸾 鸠 莺 鸣

弋：式 轼 拭 试 必 密 泌 蜜 贰 腻 叔 寂 督 弟 悌 梯
涕 第 鸢 代 袋 贷 黛 岱

羽：羽 习 翅 翘 翎 翔 翩 翼 扇 谬 缪 胶
燕

非：非 排 扉 翻 辈 斐 燕 罪 诽 匪 悲 菲

升：飞 汛 迅 昇

兽

羊：洋 佯 烊 徉 恙 翔 样 详 群 苟 敬 姜 养 达 羞 义
仪 议 牺 美 善 祥 鲜 羔 羡 羹 窑 膳 羔 赢 群 美 羌

牛：牛 牡 犀 告 牧 牢 牵 物 牺 牲 特 件 半 伴 拌 绊
胖 判 解 懈 蟹 犊 犟

虍：彪 虐 虚 嘘 剧 虞 戏 虐 虏 虑 号 据 卢 炉 庐 献 虎

豕：逐 遂 队 坠 豗 蒙 豕 冢 豳 豪 家 豢 圂 豚

犬：犬 器 突 泪 哭 伏 狱 丧 臭 嗅 狗 龙 默 状 奘 獒

戾 献

犭：狐 狸 猿 猴 猩 狮 狄 狩 猎 获 狼 狈 狠 犯 狰 狞 猖 狡 猾 猜 狭 狂 猛 独 获 犹 狱

豸：豹 豺 然 献 状

马：马 骑 驳 冯 骄 吗 妈 玛 码 蚂 骆 驼 驹 驾 骑 闯 驯 驳 骏 验 骡 驱 驰 惊 驻 骚

象：象 像 为 伪 能 熊 罢 态 兔 逸 冤 鹿 庆 猴 鼠 窜

贝：贝 财 贯 实 败 贸 购 买 货 价 贾 具 算 贰 腻 质 责 债 积 贺 赐 赏 偿 贵 遗 赛 赚 贤 赢 贡 赞 贪 狈 贼 赃 赌 费 贬 贫 赔 贱 赁 得 婴

与植物有关的部件及所统辖的汉字：

亠：高 京 就 景 影 亭 停 婷 亮 嵩 台 豪 毫 乔 郭

啬：啬 蔷 墙

向：尚 堂 当 敞

宀：宋 宅 官 宦 宰 宫 守 富 宝 家 容 奥 定 室 安 宁 寝 寐 寤

尞：撩 僚 瞭

广：广 厅 座 庙 庇 庶 席 度 庭 麻 敞 店 廉 府 库 序 鹰 鹿 郎 廊 庐 厨 僻 厕 庞 底 废 庙 仄 压 僻

穴：穴 突 穹 穷 窨 窠 空 窜 边 挖 穿 究 深 探 囱 窗 聪 窖 窥 窒

奂：奂 焕 换 唤

户：户 所 扇 肩 雇 顾 启 栅

仓：仓 创 抢 枪 沧 苍 舱

门：门 闽 阎 开 闭 关 闷 闲 闯 闺 闻 问 闽 闪 间 闱 阅 阔

扁：扁 编 篇 偏 遍 匾

冖：冤 蒙 冠 南

内：内 纳 给 橘

丙：丙 病 陋 更 便 商

网：网 罗 罢 署 罪 罚 卖 冈 纲 刚 尔 弥 禽 擒 离

与容器有关的部件及所统辖的汉字：

凵：出 屈 祟 拙 傲 卖 凶 匈 酗

皿：益 溢 隘 孟 盈 监 宁 虚 庐 尽 盆 盗 温 愠 血 盛
盟 恤 去

皀(jí)：食 餐 余 养 饲 饰 即 既 慨 溉 概 卿 乡 退

臼：舀 稻 毁 巢 旧 写 泻 鼠 儿 插

臽：陷 馅 焰 叟 搜 瘦

缶：掏 淘 陶 缺 缸 罐 遥 谣 摇

畐：富 福 匐 逼

酉：酒 醋 尊 遵 奠 郑 酌 配 酣 醉 酚 疾 医 殴

亯：享 敦 淳 醇 谆 孰 熟 亨 烹

鼎：员 圆 陨 韵 真 镇 填 慎 颠 贞 侦 则 测

鬲：隔 融 献

由：由 宙 聘 抽 袖 笛 轴 害 割 瞎

西：栗 粟 贾 价 迁 晒 洒 烟 票 飘 漂 标

卤：盐 咸 碱 覃 潭

其：箕 斯 撕 基 期 弃 粪 簸

匚：匣 柜 匡 框 筐 匠 医 区

勺：的 与 约 灼 豹 钓 斗 料 科 斜 魁

与兵器有关的部件及所统辖的汉字：

戈：戈 栽 戴 裁 载 职 识 或 惑 域 国 戍 蔑 几 戒 诫
械 臧 藏 脏 戏 武 赋 戎 贼 伐

戋：歼 忏 签 戮 戕 残 钱 贱 践 栈

我：我 义 仪 议 義 曦 牺

戉(yuè)：越 戚

戊：戊 茂 威 灭 岁 秽 咸 感 减 成 盛 诚 城

王：王 皇 煌 全 往 旺 狂 士 壮 吉 金 铜 铅 铸 易 赐
锡 剔 钟 钦 铃 铭 钓

斤：斤 父 斧 质 兵 斩 渐 新 匠 所 欣 折 析 斯 撕 断

矛：务 柔 揉 矛 茅

刀：刀 刃 忍 梁 粱 勿 利 物 忽 分 份 贫 颁 寡 岔 辨
别 刑 型 劈 罚 则 刊 删 刮 削 判 解 列 继 色 绝 艳 初
制 切 割 刺 剪

乂：艾 刈 赖 懒 刘 契

弓：弓 引 蚓 弦 张 弛 弥 射 发 弹 弱 疆 隽 携 躬 弯 强

函：涵

57

备：惫 医 短 矮 矩 知 智

单：兽 弹 战

与工具有关的部件及所统辖的汉字：

工：工 攻 功 扛 巧 巩 筑 恐 壬 任 展 左 隋 随 堕 惰 稳 隐 差 巨 矩 距 巫 灵 诬 江 空 鸿 虹

丂：考 宁 可 哥 歌 何 荷 河 阿 奇 骑 寄 号 乎 呼 市 闹

丵：对 鉴 凿 业 丛

卜：仆 扑 朴

衣：衣 裸 裹 依 裁 表 衰 襄 攘 壤 镶 让 衷 里 裳 袍 被 袖 袜 袁 远 园 还 寰 甲 卒 碎 醉 粹 悴 哀 怀 坏 展

巾：巾 布 常 幕 帛 绵 锦 棉 希 稀 佩 带 滞 帅 冒 帽 曼 幔 慢 漫 蔓 席 敝 弊 蔽 憋 撇 鳖

玉：玉 弄 班 斑 瑞 礼 环 璧 球 莹 现 理 琢 宝

与天气有关的部件及所统辖的汉字：

雨：云 雪 雹 灵 电 雷 震 需 儒 懦 霍 霸

月：月 霸 朗 期 有 明 望 朝 庙 闲

日：日 旬 易 晶 星 曙 旦 晓 早 晨 朝 旭 昼 昏 莫 暮 晚 暗 昨 昔 晖 晕 景 影 春 时 是 暖 明 显 晃 旷 暇 暂 晏 暑 旱 乾 暴 照 晒 普 昭 昙 映

第三步：对汉字进行字形理据分析。

通过对教师的访谈发现：很多教师能够意识到从汉字字形演变入手分析汉字字理，进而在识字教学中进行汉字文化渗透。但由于自身知识结构所限，对汉字字理的分析力不从心。在研究中，对《现代汉语常用字表》中所收全部汉字全部进行了汉字字形理据分析，将对一线小学语文教师具有指导和借鉴作用。

落实汉字字形理据的理论基础为"六书"。最早提出"六书"这一说法的是《周礼·地官·保氏》。进入汉代则逐渐出现对"六书"理论进行阐释的"四家三说"，即西汉刘歆的《七略》、东汉班固的《汉书·艺文志》、许慎的《说文·序》、郑玄注《周礼》引郑司农语。其中后三家皆源于《七略》。"四家三说"中今一般以许说为准，即"六书"为象形、指事、会意、形声、转注、假借。其中象形、指事、会意、形声为汉字造字之法，假借、转注为用字之法。结合字理识字法中利用汉字字形的构字理据进行识字教学的特点，以"四书"为基础，对独体字进行字理分析。但在小学识字教学中由于小学教师在知识结构上的局限性，字理析字时容易出现错误。有的教师则生搬硬套，整堂课大谈字形演变，忽视学生理解力。为规避这些缺点，笔者对两册书中的独体字的字形理据、字义演变等汉字文化内容采用《说文解字》《甲骨金文字典》等较权威的字典的观点并参考黄亢美先生所编著的《小学语文字理教学手册》、崔增亮先生等编著的《字源识字手册》等针对小学识字的工具书中的观点，在某些存在争议的观点上利用知网数据库、图书馆文献等资源查阅大量文献进行甄别，选取较权威、较被学术界广泛认可的观点进行汉字理据阐释。结合小学教师的理解能力和小学生的认知水平，对两册书所涉独体字字形按照甲骨文、金文、篆书、隶书、楷书的顺序编排字形，没有甲骨文的，则以金文为首，以此类推。在字形编排基础上进行字形理据分析。如下为"西"字的字形理据落实过程：

在许慎的《说文解字》中对"西"字字形理据分析为：西，鳥在巢上。象形。日在西方而鳥棲，故因以爲東西之西。凡西之屬皆从西。①棲，西或从木妻。卤，古文西。卤，籀文西。白话文意为："西"指鸟在巢上。太阳西落时鸟归巢栖息，所以用鸟巢的形状来指方位"西"。所有与西相关的字，都采用"西"作边旁。棲，这是"西"的异体字，字形采用"木"作边旁，采用"妻"作声旁。卤，是古文写法的"西"字。卤，是籀文写法的"西"字。

在方述鑫等编著的《甲骨金文字典》中对"西"字字形理据分析为："西"为象形字。甲骨文像用绳带缠绕的、装行李的囊袋。金文画出了袋子的提手。篆文将袋子的提手写成。隶书严重变形，将提手写成，将囊袋写成。古人称男子肩扛的行囊为"东"，称女子手提的行囊为"西"②。

在清代王筠编著的《汉字蒙求》中对"西"字字形理据分析基本与许慎《说文解字》观点保持一致。在全国字理教学研究中心的副理事长黄亢美所编著的《小学语文字理教学手册》中也认为"西"为日落西山时鸟类归巢的描绘，并对字形演变过程做了较为详细的阐释：甲骨文像一个上部敞开的鸟巢形象。金文将鸟巢上部封闭。小篆字形变化较为复杂，上部弯曲的曲线如一只鸟形。整个字形表示一只鸟卧伏在鸟巢上面休息。隶书将弯曲的线变为一横，下部的鸟巢字形也进行了笔画省减。楷书基本承续隶书字形③。在崔增亮、张秀华、张国龙主编的《字源识字教学手册》中对"西"字的解释也与许慎保持一致，且补充了"'东西'的来历"的故事，开阔学生视野。

经过上述分析不难发现，许慎《说文解字》对"西"字的阐释应是文字学界普遍所持的观点，因此对"西"的字形理据阐释采用这一观点。而认为"西"为行囊状的观点不具有普遍意义，为避免混淆将予以舍弃。对于朱熹"'东西'的来历"的故事，可作为汉字文化的一部分予以引申拓展，为教师提供借鉴。

① 段玉裁. 说文解字注[M]. 上海：上海古籍出版社，1988：314-315.
② 方述鑫等编著. 甲骨金文字典[M]. 成都：巴蜀书社，1993：432-433.
③ 黄亢美. 小学语文字理识字手册[M]. 南宁：广西人民出版社，2002：345-346.

为保证对汉字字形理据分析的正确性，主要参照《说文解字》《汉字蒙求》《甲骨金文字典》等较权威的字典的阐释，同时结合黄亢美先生主编《小学语文字理教学手册》、崔增亮先生等主编《字源识字教学手册》等针对小学识字的工具书，对具体字的字形理据进行解析。在某些存在争议的观点上利用知网数据库、图书馆文献等资源查阅大量文献进行甄别，选取较权威、较被学术界广泛认可的观点进行理据分析。结合小学教师的理解能力和小学生的认知水平，深入浅出地对两册书所涉部首进行理据落实，以方便实践教师借鉴应用。

以下为"女"部的部首理据解析：

女

| 甲骨文 | 金文 | 篆文 | 隶书 | 楷书 |

甲骨文字形像一个胸部发达、双手交叉、屈膝跪坐的温柔女子形象。金文胸部特征更为明显。篆文中的一只手臂舒展开，更富美感。隶书变化较大。楷书承续隶书字形。汉字中采用"女"部做部首的字一般与女性有关。

《说文解字》：女，婦人也。象形。王育說。凡女之屬皆从女。

白话《说文解字》：女，妇人。像妇人之形。这是王育的说法。所有与女相关的字，都采用"女"作边旁。

3. 建立汉字网络

汉字是随着人类社会的发展不断产生、演变的，经历了由少到多、由产生较早的基本字作为基础创造新字来满足人类需要的过程。这一过程使汉字具有了系统性，基本字也大多成为汉字部件，成为汉字系统的基础。汉字的一个部件通过变形、假借等可以衍生出其他的不同部件，这种相关性便构成了部件间的横向系统，如："手"甲骨文为"🖐"，是一只手的形象。由"手"衍生出"扌"、"又"、"寸"等新的部件，"扌"为"手"字的简化，"又"(🖐)为"手"(🖐)字的变形，"寸"篆书为"🖐"，表示由手掌后退一寸的位置，是在"🖐"(又)的基础上加了一横的指示符号。而这些新的部件又统摄着不同的汉字，如苏教版一年级上册生字表中"扌"做部件的字有捅、拄、振、搜、掺、撼、携、抑、撩、挟、揭、拴、抄、挣、撰、押、掂、抢、攒、捺，"又"做部件的有叠，"寸"做部件的有"尊"。这些部件又与所统摄的汉字构成了汉字的纵向系统。纵横系统相互交错，使独立的汉字发生联系，识字效率有效提高。

以与人的生长时期和身体形态相关的部件及汉字所构成的汉字网络为例：

人的生命周期分为四个阶段：

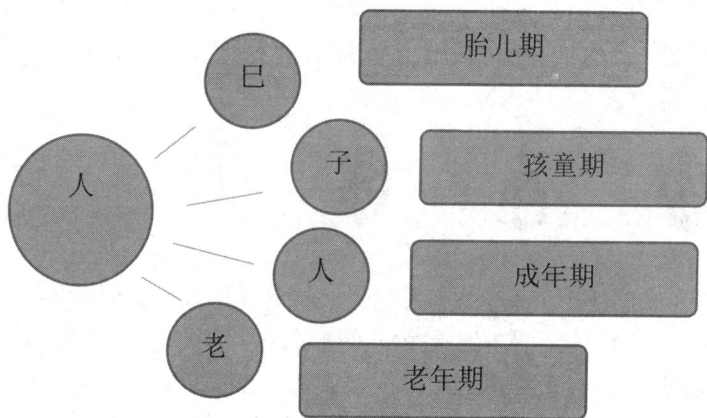

胎儿期：巳　包　起　熙

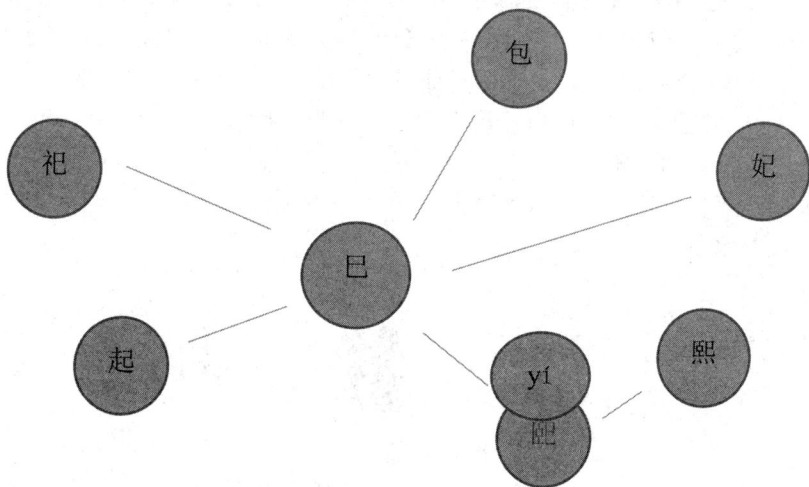

巳

| 甲骨文 | 金文 | 篆书 | 隶书 | 楷书 |

甲骨文字形像是刚出生被包裹得很严实的新生儿。造字本义：名词，新生儿。

《说文解字》：巳，巳也。四月，陽气巳出，陰气巳藏，萬物見，成文章，故巳爲蛇，象形。凡巳之屬皆从巳。

白话《说文解字》：巳，已经。在十二地支中，"巳"代表四月，这时天地间阳气已出，阴气已藏，万物纷呈，形成众多色彩与花纹，所以"巳"代表的是蛇，字形像蛇的形状。所有的与巳相关的字，都采用"巳"作边旁。

包

| 甲骨文 | 金文 | 篆书 | 隶书 | 楷书 |

甲骨文⟨图⟩像胎膜⟨图⟩里包裹着个小人儿⟨图⟩。金文⟨图⟩像胎膜⟨图⟩里有一个尚未成形的胎儿⟨图⟩。造字本义：尚在胎中未出生的胎儿的形态。

《说文解字》：包，象人裹妊，巳在中，象子未成形也。元气起於子。子，人所生也。男左行三十，女右行二十，俱立於巳，爲夫婦。裹妊於巳，巳爲子，十月而生。男起巳至寅，女起巳至申。故男始寅，女季始申也。凡包之屬皆从包。

白话《说文解字》：包，像妇女怀孕，"巳"(胎儿)在人的腹中，像胎儿尚未成形的样子。一个人的元气，起于初生的婴儿。婴儿，为父母所生。男子从"子"位起，由右往左数三十位，女子由左往右数二十位，都立于"巳"位，结为夫妇。女子在"巳"位上怀孕，所以"巳"表示未成形的胎儿，怀胎十月后出生。男子从"巳"位起数到"寅"位，女子从"巳"位起数到"申"位。所以算命时，男子的小运从"寅"位开始，女子的小运从"申"位开始。所有与包相关的字，都采用"包"作边旁。

起

| 金文 | 篆书 | 楷书 |

金文⟨图⟩=⟨图⟩(走)+⟨图⟩(巳，幼儿)，表示新生幼儿开始学习站立、行走。造字本义：动词，指婴儿开始学走路。

《说文解字》：起，能立也。从走，巳聲。⟨图⟩，古文起，从辵。

白话《说文解字》：起，指刚能够站立。"走"为边旁，"巳"为声旁。⟨图⟩，是古文写法的"起"字，以"辵"为边旁。

熙

| 篆书 | 楷书 |

造字本义：母亲抱着孩子在火堆旁喂奶。

《说文解字》：熙，燥也。从火㿽聲。

白话《说文解字》：熙，很暖和的样子。"火"为形旁，"㿽"为声旁。

未成年期：

子

生育：育　疏　流

哺乳：孔　乳　字

保护：仔　呆　保　存　弃　了

成长：子　充　孕　好　孙　孟　季　孛　勃

教育：学　觉　教

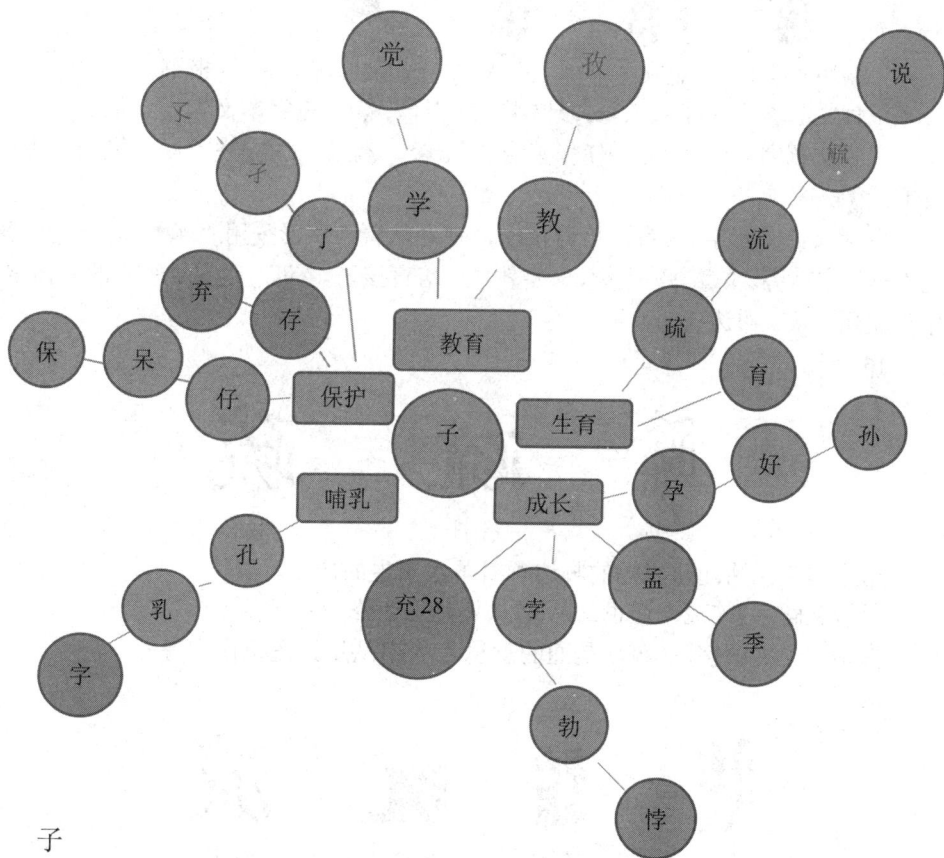

子

甲骨文　　　金文　　　篆书　　　隶书　　　楷书

《说文解字》：子，十一月，陽气動，萬物滋，人以爲偁。象形。凡子之屬皆从子。𢀖，古文子，从巛，象发也。𢀖，籀文子，囟有发，臂胫在几上也。

白话《说文解字》：子，在十二地支之中，"子"代表十一月，这时阳气发动，万物滋生，人假借"子"作称呼。字形像幼儿的形象。所有与子相关的字，都采用"子"作边旁。𢀖，这是古文写法的"子"字，字形采用"巛"作边旁，巛，像幼儿的头发。𢀖，这是籀文写法的"子"字，头顶有头发，手臂与小腿都放在几案上。

育

| 甲骨文 | 金文 | 篆书 | 隶书 | 楷书 |

甲骨文 = 𠃌(人，指女人) + 𠀁(即倒写的"子"𠀃)，造字本义为妇女生产。

《说文解字》：育，養子使作善也。从𠫓，肉聲。《虞書》曰：教育子。毓，育或从𣫭。

白话《说文解字》：育，培养孩子，使之从善。字形采用"𠫓"作边旁，采用"肉"作声旁。《虞书》上说，"要教导、培育孩子。"毓，这是"育"的异体字，字形采用"𣫭"作边旁。

疏

| 篆书 | 隶书 | 楷书 |

造字本义：胎儿从妈妈的脚边顺着羊水出生的情景。

《说文解字》：疏，通也。从㐬从疋，疋亦聲。

白话《说文解字》：疏，是通的意思。从㐬从疋，疋也作声旁。

流

| 金文 | 篆书 | 隶书 | 楷书 |

造字本义：胎儿顺着羊水从母体产出。

《说文解字》：流，水行也。从沝、㐬。㐬，突忽也。流，篆文从水。

白话《说文解字》：流，水流的样子。字形采用"沝、㐬"会义。㐬，表示突然。"流"，篆文用"水"作边旁。

孔

篆书　　隶书　　楷书

造字本义：指母亲用乳房哺乳婴儿。

《说文解字》：孔，通也。从乚，从子。乚，請子之候鳥也。乚至而得子，嘉美之也。古人名嘉字子孔。

白话《说文解字》：孔是通的意思。用"乙、子"会义。乙，是能够求子的随季节而迁徙的鸟。乙鸟到，就会求子成功，使得生活美好。古人有名字是"嘉"的，字为"子孔"。

乳

金文　　篆书　　隶书　　楷书

造字本义为母亲给饥饿的幼儿喂奶。

《说文解字》：乳，人及鳥生子曰乳，獸曰產。从孚，从乚。乚者，玄鳥也。《明堂月令》："玄鳥至之日，祠于高祺，以請子。"故乳从乚。請子必以乚至之日者，乚，春分來，秋分去，開生之候鳥，帝少昊司分之官也。

白话《说文解字》：乳，人和鸟生育后代称为"乳"；野兽生育后代为"产"。字形为"孚、乙"会义。乙，表示黑色的燕子。《明堂月令》上说："黑色的燕子到来之时，可向高祺神祭祀，祈祷子嗣。"所以"乳"用"乙"为边旁。

字

金文　　篆书　　隶书　　楷书

造字本义为在房子里养育幼儿。

《说文解字》：字，乳也。从子在宀下，子亦聲。

白话《说文解字》：字，不如幼儿。"子"在"宀"下，"子"也作声旁。

仔

甲骨文　　金文　　篆书　　隶书　　楷书

造字本义为背在大人背上的小孩，指尚未独立的幼儿。

《说文解字》：仔，克也。从人，子声。

白话《说文解字》：仔，用肩膀负担。字形"人"为形旁，"子"为声旁。

呆

篆书　　　　隶书　　　　楷书

造字本义为大脑袋的需要人扶持的幼儿。

段玉裁《说文解字注》：古文。盖此古文以孚为呆也。

保

甲骨文　　　金文　　　篆书　　　隶书　　　楷书

造字本义：成年人扶持保护幼儿。

《说文解字》：保，養也。从人，从孚省。孚，古文孚。保，古文保。保，古文保不省。

白话《说文解字》：保，养护幼儿。字形采用"人"和省略了"爪"的"孚"会义。孚，这是古文写法的"孚"字。保，这是古文写法的"保"字。保，这也是古文的"保"字，不省略"爪"。

存

金文　　　篆书　　　隶书　　　楷书

造字本义为用手抚摸幼儿表示关心。

《说文解字》：存，恤問也。从子，才声。

白话《说文解字》：存，体恤而关切。字形采用"子"作边旁，采用"才"作声旁。

弃

甲骨文　　　金文　　　篆书　　　隶书　　繁体楷书　简体楷书

甲骨文 ++，表示将幼婴装入箕筐中的丢弃。

《说文解字》：棄，捐也。从廾推弃棄之，从![]。![]，逆子也。弃，古文棄。

白话《说文解字》：弃，遗弃婴儿。字形采用"廾"作边旁，表示将幼婴装入箕筐中的丢弃。字形![]为形旁。![]，是头朝下所生的孩子。弃，是古文"弃"。

了

![了的篆书、隶书、楷书字形]

篆书　　　隶书　　　楷书

造字本义：只刚出生被紧紧包裹的婴儿，另一说法为无臂的婴儿。

《说文解字》：了，尥也。从子無臂。象形。凡了之屬皆从了。

《说文解字》：了，行走时腿脚相交。字形以"子"字作基础，省去"子"的两臂形状。象形。所有与了相关的字，都采用"了"作边旁。

子

![子的甲骨文、金文、篆书、隶书、楷书字形]

甲骨文　　　金文　　　篆书　　　隶书　　　　楷书

造字本义为头大挥动两臂的婴儿。

《说文解字》：子，十一月，陽气動，萬物滋，人以爲偁。象形。凡子之屬皆从子。![]，古文子，从巛，象发也。![]，籒文子，囟有发，臂脛在几上也。

白话《说文解字》：子，在十二地支之中，"子"代表十一月，这时阳气发动，万物滋生，人假借"子"作称呼。字形像幼儿的形象。所有与子相关的字，都采用"子"作边旁。![]，这是古文写法的"子"字，字形采用"巛"作边旁，巛，像幼儿的头发。![]，这是籒文写法的"子"字，头顶有头发，手臂与小腿都放在几案上。

充

![充的篆书、隶书、楷书字形]

篆书　　　隶书　　　楷书

造字本义：篆文![]=+，表示嘴对嘴喂养婴儿。

《说文解字》：充，長也。高也。从儿，育省聲。

白话《说文解字》：充，生长，长高。字形采用"儿"作边旁，采用省略了"月"的"育"作声旁。

孙

孕

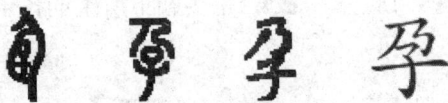

甲骨文　　篆书　　隶书　　楷书

造字本义：甲骨文 ⟐ = ⟐ (腹部隆起的人)＋⟐ (被包裹在里面的"子"，即胎儿)，表示妇女腹部隆起，怀胎孕子。

《说文解字》：孕，裹子也。从子，从几。

白话《说文解字》：孕，妇女怀胎。字形采用"子、几"会义。

好

甲骨文　　金文　　篆书　　隶书　　楷书

造字本义：甲骨文 ⟐ = ⟐ (女，女子) ⟐ (子，小孩子)，表示母亲抚养保护孩子。

《说文解字》：好，美也。从女子。

白话《说文解字》：好，女子美丽漂亮。字形采用"女、子"会义。

孙

甲骨文　　金文　　篆书　　隶书　　楷书

造字本义：甲骨文 ⟐ = ⟐ (子，儿子) ＋⟐ (幺，极小)，表示比"子"更小的后代。

《说文解字》：孙，子之子曰孙。从子，从系。系，續也。

白话《说文解字》：孙，儿子的儿子叫孙子。字形采用"子、系"会义，"系"表示后代绵延不绝。

孟

金文　　篆书　　隶书　　楷书

造字本义：金文 （子，初生儿）+（皿，接生浴盆），表示有权利在盆里洗澡的孩子。

《说文解字》：孟，长也。从子，皿声。，古文孟字。

白话《说文解字》：孟，同辈中年纪最大的。字形采用"子"作边旁，采用"皿"作声旁。，这是古文写法的"孟"字。

季

甲骨文　　　金文　　　篆书　　　隶书　　　楷书

造字本义：甲骨文 （结穗的"禾"，是"稚"的省略，幼稚）+（子，小孩），表示如禾苗般幼小的孩子。

《说文解字》：季，少偁也。从子，从稚省，稚亦聲。

白话《说文解字》：季，对同辈中年纪最轻者的称呼。字形采用"子"和省略了"隹"的"稚"会义，"稚"也作声旁。

孝

《说文解字》：也，从；人色也，从子。

勃

篆书　　　　隶书　　　　楷书

造字本义：篆文 （草，表示萌发、生长）+（子，小孩）+（八，分化），比喻小孩像草木萌发一样，迅速生长。

《说文解字》：勃，排也。从力，孛聲。

白话《说文解字》：勃，排开。字形采用"力"作边旁，采用"孛"作声旁。

学

金文　　　　篆书　　　　隶书　　　　楷书

造字本义：儿童放在屋子里学习算筹、文字等。

《说文解字》：，覺悟也。从教，从冖。冖，尚曚也，臼聲。學，篆文省。

白话《说文解字》：，觉悟。字形采用"教、冖"会义。"冖"表示尚处于蒙昧状态。"臼"是声旁。"學"，这是篆文写法的""字，省略了"攴"。

觉

金文　　　篆书　　　隶书　　　楷书

造字本义：篆文𗊵=𢲽(學，获得经验、知识)+𧡲(見，发现)，造字本义：动词，因获得内在经验而发现某种真相。

《说文解字》：覺，从見，學省聲。一曰發也。

白话《说文解字》：觉，字形采用"见"作边旁，用省略了"子"的"學"作声旁。一种说法认为，"觉"是"发现"的意思。

教

甲骨文　　　金文　　　篆书　　　隶书　　　楷书

造字本义：甲骨文𢼂=𢼊(爻，算筹)+𣱵(子，孩童)+𣁂(攴，手持鞭子、棍杖)，指用体罚手段训导孩子作算术。

《说文解字》：教，上所施下所效也。从攴，从𡥈。凡教之屬皆从教。𢼺，古文教。𢽪，亦古文教。

白话《说文解字》：教，在上的操作，在下的效仿。字形采用"攴、𡥈"会义。所有与教相关的字，都采用"教"作边旁。𢼺，这是古文写法的"教"字。𢽪，这也是古文写法的"教"字。

青壮年期：氏　人　女　大

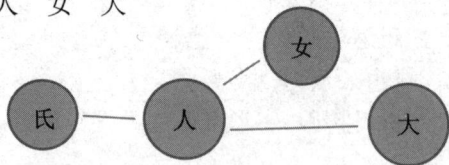

```
        女
      /
氏 — 人 — 大
```

男超人：氏　低　底　抵

氏

甲骨文　　　金文　　　篆书　　　隶书　　　楷书

造字本义为垂手抵地劳作，支撑家族的人。

《说文解字》：氏，巴蜀山名岸脅之旁箸欲落者曰氏，氏崩，聞數百里。象形，乀聲。凡氏之屬皆从氏。楊雄賦：響若氏隤。

白话《说文解字》：氐，巴地、蜀地的山名中，叫崖肩之旁附着而又俗坠的山岩为"氐"。"氐"崩塌时发出的声音，方圆百里都可以听到。字形像崖肩之形，"乀"作声旁。所有与氐相关的字，都采用"氐"作边旁。杨雄在他的文赋中曾提到，某种大的声响，就像"氐"崩塌时一样。

低

篆书　　　　隶书　　　　楷书

造字本义：动词，俯首垂臂。

《说文解字》：低，下也。从人氐，氐亦聲。

白话《说文解字》：低，卑下。字形采用"人、氐"会义，"氐"也作声旁。

底

金文　　　　篆书　　　　隶书　　　　楷书

造字本义：名词，房屋的地面。

《说文解字》：底，山居也。一曰下也。从广，氐聲。

白话《说文解字》：底，停下居住的地方。另一种说法认为，"底"是物体的最下部。字形采用"广"作边旁，采用"氐"作声旁。

抵

篆书　　　　隶书　　　　楷书

造字本义：篆文抵=𢪊(手)+氐(氐，垂手触地)，造字本义：动词，伸手触及、推挡。

《说文解字》：抵，擠也。从手，氐聲。

白话《说文解字》：抵，相排挤、相对抗。字形采用"手"作边旁，采用"氐"作声旁。

侧立的人(专作其他字的部件)：人亻

政治：储　傅　任　使　伊

经济：偿　优　价　倍　侈　伪　欺　佣　债

71

军事：付 伍 什 侵 代 仪 传 侮 伤 伏 俘 伐
教育：儒 保 仍 仔 似
农业：何 佃 休 停 俗 侥
手工业：偶
容貌：僚
形体：伟 侨 健 伴 俺
德：仁 俊 佳 份 傲
人与人的关系：伯 仲 仿 伦 侍 倍 例 仇 侣 俱
动作：企 依 倚 仰 称 作 候 伸 僻 侦 伺 仆 倒 僵
穿着：佩 但
住：住
职业：伊 傀 侠 伶 使 仙
状态：备 假 借 仅 便 促 值 倦
宗教：供 佛
方位：位 傍 偏 侧
人称：俄

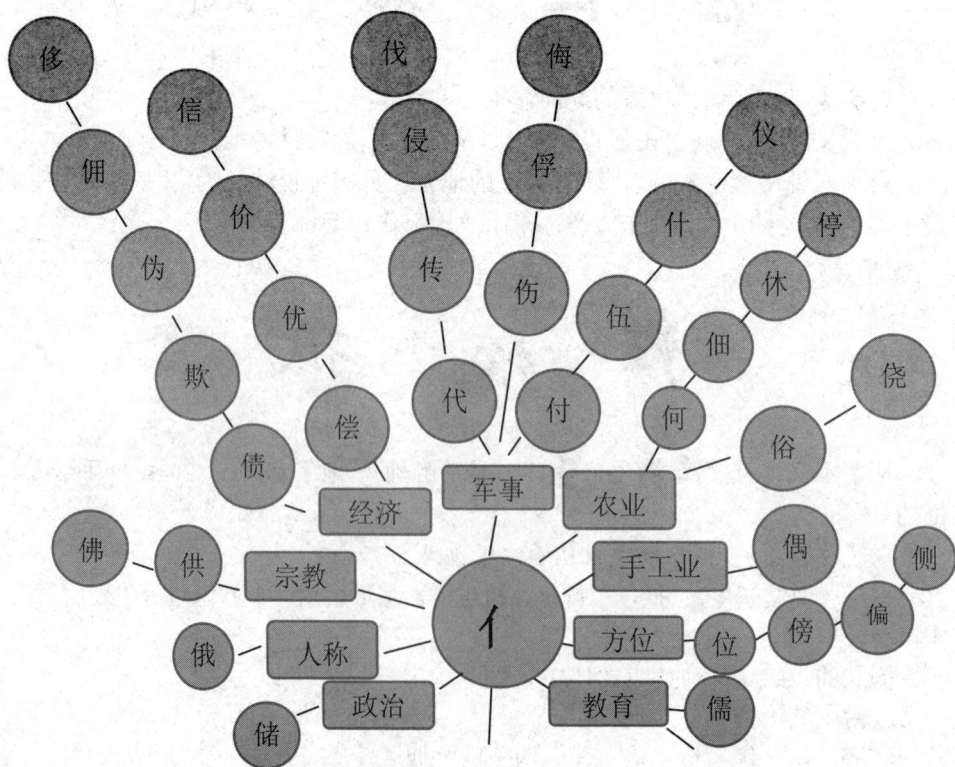

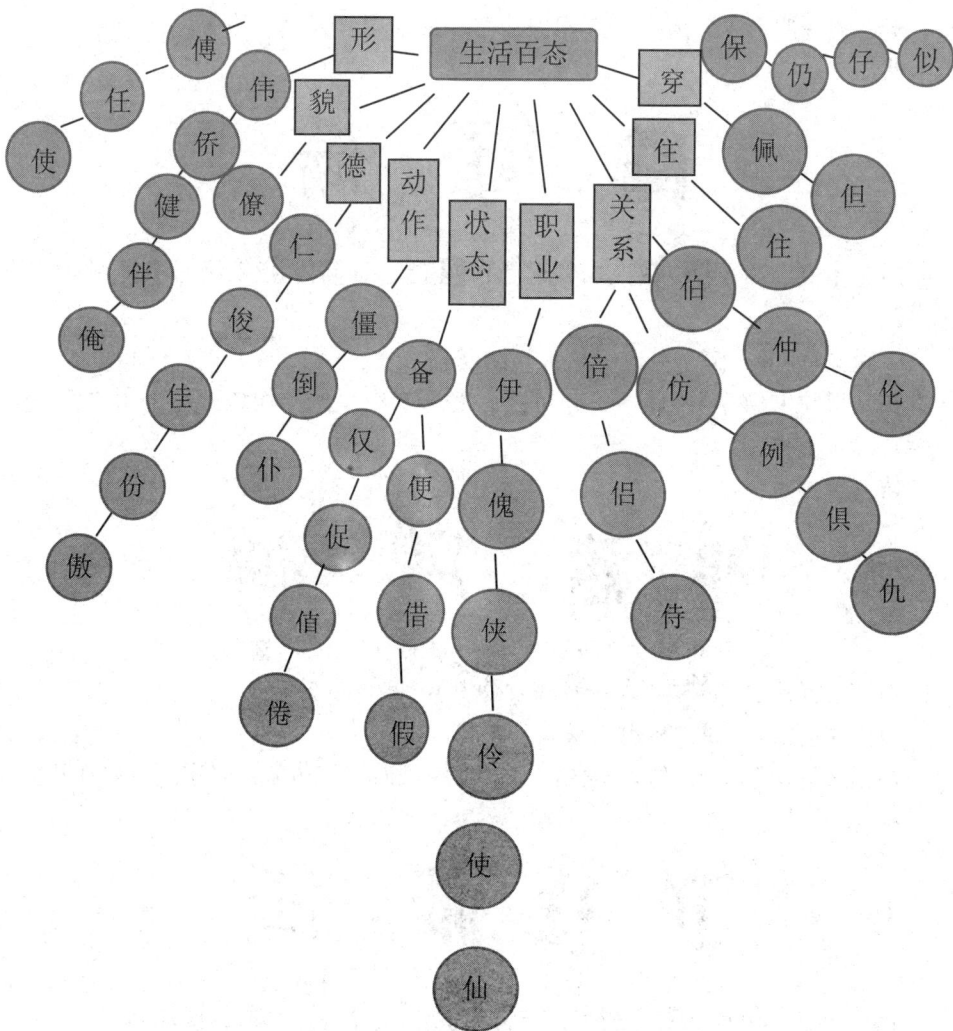

人

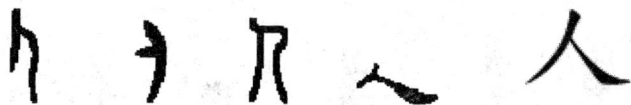

甲骨文　　金文　　篆书　　隶书　　楷书

造字本义：弯腰垂臂的劳动者。

《说文解字》：人，天地之性最贵者也。此籀文。象臂胫之形。凡人之属皆从人。

白话《说文解字》：人，天地间品性最高贵的生物。这是籀文。字形像垂着手臂、挺着腿胫的形象。所有与人相关的字，都采用"人"作边旁。

储

篆书　　　隶书　　　楷书

造字本义：篆文**髂=**(人，候选者)＋**者**(諸，询问)，指上级考核择用后备的官员。

《说文解字》：储，偫也。从人，諸聲。

白话《说文解字》：储，备存待用。字形采用"人"作边旁，采用"诸"作声旁。

傅

金文　　　篆书　　　隶书　　　楷书

造字本义：金文**傅=**(人)＋**専**(尃，包扎)，指帮助，辅佐。

《说文解字》：傅，相也。从人，尃聲。

白话《说文解字》：傅，辅佐。字形采用"人"作边旁，采用"尃"作声旁。

任

甲骨文　　　金文　　　篆书　　　楷书

造字本义：甲骨文**任=**(工，巧)＋**人**(人)，表示能工巧匠，聪明能干。

《说文解字》：任，符也。从人，壬聲。

白话《说文解字》：任，委任状。字形采用"人"作边旁，采用"壬"作声旁。

使

甲骨文　　　金文　　　篆书　　　隶书　　　楷书

造字本义：甲骨文**使=**(中，两军对峙交战中的中间安全地带)＋**又**(又，执、持)，表示手持旌节，去外国代表国家进行谈判。

《説文解字》：使，伶也。从人，吏聲。

白话《说文解字》：使，摆布，命令。字形以“人”为形旁，以“吏”为声旁。

伊

甲骨文　　金文　　篆书　　隶书　　楷书

造字本义：甲骨文(权杖)+(又，抓)，表示手执权杖的高级官员。

《説文解字》：伊，殷聖人阿衡，尹治天下者。从人，从尹。，古文伊，从古文死。

白话《说文解字》：伊，殷代的圣人阿衡，文治天下的人。字形采用“人、尹”会义。，这是古文写法的“伊”字，采用古文的“死”作边旁。

俺

篆书　　楷书

造字本义：篆文(人)+(“庵”的省略，寺庙)，指到寺庙修行的人。

《説文解字》：俺，大也。从人，奄聲。

白话《说文解字》：俺，大。字形以“人”为形旁，以“奄”为声旁。

傲

篆书　　隶书　　楷书

造字本义：篆文(人)+(畅游不羁)，指人不受束缚，自由放任。

《説文解字》：傲，倨也。从人，敖聲。

白话《说文解字》：傲，倨傲不逊。字形以“人”为形旁，以“敖”为声旁。

伴

金文　　篆书　　楷书

造字本义：甲骨文(大，成年人)+(大，成年人)，像二人结伴行走。

《说文解字》：伴，大皃。从人，半聲。

白话《说文解字》：伴，胖大的样子。字形以"人"为形旁，以"半"为声旁。

傍

篆书　　　隶书　　　楷书

造字本义：篆文膀=人(人)+旁(旁，边)，依偎在某人身边，靠得很近。

《说文解字》：傍，近也。从人，旁聲。

白话《说文解字》：傍，靠近。字形以"人"为形旁，以"旁"为声旁。

保

甲骨文　　　金文　　　篆书　　　隶书　　　楷书

造字本义：成年人养护幼儿。

《说文解字》：保，養也。从人，从呆省。呆，古文孚。保，古文保。保，古文保不省。

白话《说文解字》：保，养护幼儿。以"人"和省略了"爪"的"呆"会义。呆，为古文"孚"字。保，是古文"保"字。保，也是古文"保"字，不省略"爪"。

倍

金文　　　篆书　　　隶书　　　楷书

造字本义：金文倍=人(人)+音(音，"呸"，唾弃)，指唾骂、背叛。

《说文解字》：倍，反也。从人，音聲。

白话《说文解字》：倍，违反。以"人"为形旁，以"音"为声旁。

备

甲骨文　　　金文　　　篆书　　　隶书　　　繁体楷书　　　简体楷书

造字本义：甲骨文备像箭在箭筒中，指提前预备在箭筒中的箭，箭在匣中，准备就绪。

《说文解字》：备，慎也。从人萄聲。俻，古文备。

白话《说文解字》：备，谨慎。字形以"人"为形旁，以"萄"为声旁。俻，是古文"备"。

便

金文　　　篆书　　　隶书　　　楷书

造字本义：金文便=亻(人，借代身体)+更(更，替换)，指人的生理代谢。

《说文解字》：便，安也。人有不便，更之。从人更。

白话《说文解字》：便，安适。人遇到不舒适的环境就会考虑改变。字形以"人、更"会义。

伯

甲骨文　　　金文　　　篆书　　　隶书　　　楷书

造字本义：甲骨文=白(白，明了的)+亻(人)，指明于事理、说话权威的长者。

《说文解字》：伯，长也。从人，白聲。

白话《说文解字》：伯，年长。字形以"人"为形旁，以"白"为声旁。

侧

金文　　　篆书　　　隶书　　　楷书

造字本义：金文像两个人分别在鼎的两边。指旁边。

《说文解字》：侧，旁也。从人，则聲。

白话《说文解字》：侧，旁边。字形以"人"为形旁，以"则"为声旁。

偿

篆书　　　隶书　　　楷书

《说文解字》：償，還也。从人賞聲。

白话《说文解字》：偿，归还。

倡

《说文解字》：倡，樂也。从人昌聲。

侈

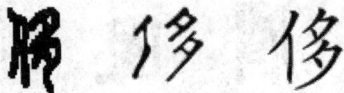

| 篆书 | 隶书 | 楷书 |

造字本义：篆文侈=亻(人)+多(多，两份肉)，指一个人吃两份肉，过于铺张。

《说文解字》：侈，掩脅也。从人，多聲。一曰奢也。

白话《说文解字》：侈，掩盖、胁迫。字形以"人"为形旁，以"多"为声旁。又说为"侈"与"奢"同义。

仇

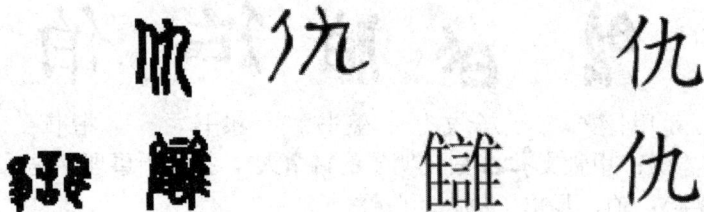

| 金文 | 篆文 | 隶书 | 繁体楷书 | 简体楷书 |

本字：仇

《说文解字》：仇，讎也。从人，九聲。

白话《说文解字》：仇，配偶。字形以"人"为形旁，以"九"作声旁。

合并字：讎

《说文解字》：讎，猶也。从言，雔聲。

白话版《说文解字》：讎，对答。字形以"言"为形旁，以"雔"为声旁。

伺

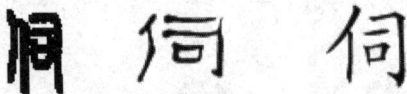

| 篆书 | 隶书 | 楷书 |

造字本义：篆文伺=亻(人)+司(司，执法)，指执法者仔细观察。

《说文解字》：伺，望也。从人，司聲。

白话《说文解字》：伺，观察。字形以"人"为形旁，以"司"为声旁。

促

篆书　　　　楷书

造字本义：篆文促＝⺅(人，军队)＋足(足，进军)，指军队逼近，情势紧迫。

《说文解字》：促，迫也。从人，足聲。

白话《说文解字》：促，迫使。字形以"人"为形旁，以"足"为声旁。

催

篆书　　　　隶书　　　　楷书

造字本义：篆文催＝⺅(人)＋崔(即"摧"，打击)，指强力敦促。

《说文解字》：催，相傷也。从人，崔聲。《詩》曰："室人交徧催我。"

白话《说文解字》：催，相敦促。字形以"人"为形旁，以"崔"为声旁。《诗经》："家里人轮流催促我。"

代

篆书　　　　隶书　　　　楷书

造字本义：篆文代＝⺅(人，士兵)＋弋(弋，系绳、可循环利用的箭)，比喻士兵轮替值岗。

《说文解字》：代，更也。从人弋聲。

白话《说文解字》：代，更替。字形以"人"为形旁，"弋"为声旁。

但

甲骨文　　　　金文　　　　篆书　　　　隶书　　　　楷书

造字本义：甲骨文但＝⺅(人，身体)＋旦(旦，明亮)，指人袒露上身。

《说文解字》：但，裼也。从人，旦聲。

白话《说文解字》：但，袒露上身。字形以"人"为形旁，以"旦"为声旁。

79

倒

篆书　　　隶书　　　楷书

造字本义：指卧倒休息。

《说文解字》：倒，仆也。从人，到聲。

白话《说文解字》：倒，身体仆卧在地。字形以"人"为形旁，以"到"为声旁。

佃

篆书　　　隶书　　　楷书

造字本义：在田里的人。

《说文解字》：中也。从人田聲。

俄

篆书　　　隶书　　　楷书

造字本义：一会儿，表示时间短。

《说文解字》：行頃也。从人我聲。

伐

甲骨文　　金文　　篆书　　　隶书　　　楷书

造字本义：甲骨文 ⼗=⼈(人)+⼽(戈)，字形表示人用戈⼽击打另一个人⼈的头部。

造字本义：动词，动用武力杀戮。

《说文解字》：伐，擊也。从人持戈。一曰敗也。

白话《说文解字》：伐，击杀。以"人、戈"会义，像人用手拿戈准备战斗。另一说为，"伐"为"毁坏"之意。

仿

甲骨文　　　　金文　　　　篆书　　　　隶书　　　　　楷书

造字本义：甲骨文 ![] = ![] (行，四通大道) + ![] (四个"止"，即四双脚)，指在十字路口犹豫不决，不知该走向哪条路。

《说文解字》：仿，相似也。从人，方聲。![]，籀文仿从丙。

白话《说文解字》：仿，相似。字形以"人"为形旁，以"方"为声旁。![]，是"仿"的籀文写法，字形以"丙"为声旁。

份

篆书　　　　隶书　　　　楷书

造字本义：篆文 ![] = ![] (人) + ![] (分，配给)，表示物品分配到每个人的部分。

《说文解字》：份，文質備也。从人，分聲。《論語》曰："文質份份。"彬，古文份从彡林。林者，从焚，省聲。

白话《说文解字》：份，表示文质兼备。字形以"人"为形旁，以"分"为声旁。《论语》："文采与质地都具备。"彬，是古文"份"的写法，以"彡、林"会义。

佛

篆书　　　　隶书　　　　楷书

造字本义：篆文 ![] = ![] (人，形象) + ![] (弗，即"彿"，相似、相仿)，指人形貌有相似之处。

《说文解字》：佛，見不審也。从人，弗聲。

白话《说文解字》：佛，看到却看不清楚。字形以"人"为形旁，以"弗"为声旁。

伏

金文　　　　篆书　　　　隶书　　　　　楷书

81

造字本义：金文 +，指猎人带猎狗伏击猎物。

《说文解字》：伏，司也。从人，从犬。

白话《说文解字》：伏，伺机行猎。字形采用"人、犬"会义。

俘

| 甲骨文 | 金文 | 篆书 | 隶书 | 楷书 |

造字本义：甲骨文 ++，指有战争时双方互相抓捕年轻男性。

《说文解字》：俘，軍所獲也。从人，孚聲。《春秋傳》曰："以爲俘馘。"

白话版《说文解字》：俘，军队擒获的敌人。字形以"人"为形旁，以"孚"为声旁。《春秋左传》："……以至成为俘虏。"

俯

低头。

付

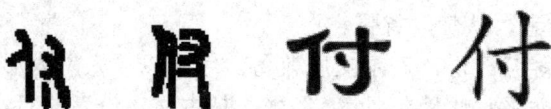

| 金文 | 篆书 | 隶书 | 楷书 |

造字本义：金文 +，指手拿东西给人。

《说文解字》：付，與也。从寸持物對人。

白话《说文解字》：付，交给。字形以"人、寸"会义，指手拿某物对着人。

供

| 甲骨文 | 篆书 | 隶书 | 楷书 |

造字本义：甲骨文 ![]像祭祀时双手托举物品。动词，献祭。

《说文解字》：供，設也。从人，共聲。一曰供給。

白话《说文解字》：供，摆设。字形以"人"为形旁，以"共"为声旁。另一说为，"共"为"供给"之意。

估

物价。引申为估价，估量。

何

甲骨文　　金文　　篆书　　隶书　　楷书

造字本义：甲骨文（伸手的人）+（戈戟），指士兵肩扛戈戟。

《说文解字》：何，儋也。从人，可聲。

白话《说文解字》：何，挑担。字形以"人"为形旁，以"可"为声旁。

候

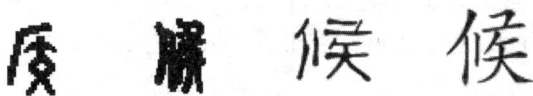

甲骨文　　篆书　　隶书　　楷书

造字本义：甲骨文（厂，山崖）+（矢，箭），指人在山崖间狩猎。

《说文解字》：候，伺望也。从人，矦聲。

白话《说文解字》：候，侍服，守望。字形以"人"为形旁，以"矦"为声旁。

侯

金文　　篆书　　隶书　　楷书

造字本义："侯"是"候"的本字。侯，甲骨文（厂，山崖）+（矢，箭），指人在山崖间狩猎。

《尔雅·释诂》：公侯，君也。又五等爵之次曰侯(白话：诸国信服的王侯，即为君。另一说，次于五等爵位的叫"侯")。

化

甲骨文　　金文　　篆书　　隶书　　楷书

造字本义：甲骨文（一个头朝上站立的"人"）+（一个头朝下入土的"人"），指人由生到死的自然过程。

《说文解字》：化，教行也。从匕从人，匕亦聲。

白话《说文解字》：化，教化施行。字形以"人、匕"会义，匕也是声旁。

83

伙

同"火"。古兵制十人为火，同火的人互称火伴。俗作伙，同伴。

群聚；结伴；联合一起干。

佳

佳　佳　佳　佳

　　金文　　篆书　　隶书　　楷书

造字本义：金文佳=亻(人)+圭(圭，美玉)，比喻美人如玉。

《说文解字》：佳，善也。从人，圭声。

白话《说文解字》：佳，美好。字形以"人"为形旁，以"圭"为声旁。

假

　　金文　　篆书　　隶书　　楷书

造字本义：金文假=厂(石崖)+(手，石崖上的手)+又(又，石崖下的手)，指崖下的人在崖上的人的帮助下攀上石崖。

《说文解字》：假，非眞也。从人，叚声。一曰至也。《虞書》曰："假于上下。"

白话《说文解字》：假，不真实。字形以"人"为形旁，以"叚"为声旁。另一说，"假"为"到"之意。《虞书》："到达天地。"

价

价　价

價　价

甲骨文　　篆书　　隶书　　　繁体楷书　　简体楷书

本字"价"甲骨文为包裹在士兵腿部的护革。

合并字"價"篆文價=亻(人)+賈(贾，经商)，指商人买卖物品时物品价值。

价：文言版《说文解字》：价，善也。从人，介声。《詩》曰："价人惟藩。"

价：白话版《说文解字》：价，好。以"人"为形旁，"介"为声旁。《诗经》："好人就像藩篱。"

價：文言版《说文解字》：價，物直也。从人賈，賈亦聲。

價：白话版《说文解字》：價，物品所值。字形以"人、贾"会义，"贾"为声旁。

俭

篆书　　　隶书　　　楷书

《说文解字》：俭，約也。从人僉聲。

白话《说文解字》：俭，节约。以"人"为形旁，"僉"为声旁。

健

篆书　　　隶书　　　楷书

造字本义：篆文 =(人)+(建，竖起房架)，用来喻指人身体挺拔健壮。

《说文解字》：健，伉也。从人，建聲。

白话版《说文解字》：健，强壮有力。以"人"为形旁，以"建"为声旁。

僵

篆书　　　隶书　　　楷书

造字本义：篆文 =(人，身体)+(畺，即"疆"，分界线)，指身体内部循环不通畅，不舒展灵活。

《说文解字》：僵，債也。从人，畺聲。

白话《说文解字》：僵，倒地。以"人"为形旁，"畺"为声旁。

侥

篆书　　　隶书　　　楷书

造字本义：篆文 =(人)+(堯，高)，指站在高处的人，满怀希冀远望。

《说文解字》：僥，南方有焦僥。人長三尺，短之極。从人，堯聲。

白话《说文解字》：侥，南方有一个人名叫焦侥，身高三尺，特别矮小。字形以"人"为形旁，以"尧"为声旁。

85

杰

《説文解字》：杰，傲也。从人桀聲。

白话《説文解字》：杰，骄傲之意。以"人"为形旁，"桀"为声旁。

借

| 金文 | 篆书 | 隶书 | 楷书 |

造字本义：金文 ⿰ = (人)+ (昔，过去)，指用过去的事物。

《説文解字》：借，假也。从人，昔聲。

白话版《説文解字》：借，假借。字形以"人"为形旁，以"昔"为声旁。

仅

| 甲骨文 | 金文 | 篆书 | 繁体楷书 | 简体楷书 |

造字本义：甲骨文 = ⿰ (口，喊叫)+ (被颈套绳索的人)，指能在酷刑中活下来的人。

《説文解字》：僅，材能也。从人，堇聲。

白话《説文解字》：仅，才能够。字形以"人"为形旁，以"堇"为声旁。

俱

| 甲骨文 | 金文 | 篆书 | 隶书 | 楷书 |

造字本义：甲骨文 = (双手举起)+ (鼎，指祭祀或宴饮所用的器具。)指共同举杯。

《説文解字》：俱，偕也。从人，具聲。

白话《説文解字》：俱，共同，一起。字形以"人"为形旁，以"具"为声旁。

倦

| 篆书 | 楷书 |

造字本义：篆文![字形]=+，指身体蜷曲，疲乏无力。

《说文解字》：倦，罢也。从人，卷声。

白话《说文解字》：倦，力量用尽。以"人"为形旁，以"卷"为声旁。

倔

造字本义：顽强，固执。

俊

![字形] 俊 俊

篆书　　　隶书　　　楷书

造字本义：篆文![字形]=+，指能不断进步的聪明人。

《说文解字》：俊，材千人也。从人，夋声。

白话《说文解字》：俊，一千个人中最有才华的那个人。以"人"为形旁，以"夋"为声旁。

傀

![字形] 傀

篆书　　　楷书

造字本义：看起来伟岸的样子。

《说文解字》：傀，伟也。从人鬼声。

白话《说文解字》：傀，伟的意思。以"人"为形旁，"鬼"为声旁。

儡

![字形] 儡

篆书　　　楷书

造字本义：颓丧的样子。

《说文解字》：儡，相败也。从人畾声。

白话《说文解字》：儡，互相败坏的意思。以"人"为形旁，"畾"为声旁。

例

![字形] 例

篆书　　　楷书

87

造字本义：篆文**𠱃**=**𦡼**(人)+**𠛱**(列，队)，动词，同一类人排列在一起。

《说文解字》：例，比也。从人，**𠛱**聲。

白话《说文解字》：例，排列在一起。以"人"为形旁，以"列"为声旁。

俐

聪慧；机灵。

俩

两个。

僚

篆书　　　楷书

造字本义：美好的容貌。

《说文解字》：僚，好皃。从人尞聲。

白话《说文解字》：僚，指美好的容貌。以"人"为形旁，"尞"为声旁。

伶

篆书　　　隶书　　　楷书

造字本义：篆文**伶**=**𦡼**(人)+**㑊**(令，长官)，古代指挥音乐演奏的人，乐官。

《说文解字》：伶，弄也。从人令聲。益州有建伶縣。

白话《说文解字》：伶，戏弄。以"人"为形旁，以"令"为声旁。在益州郡有个县叫建伶县。

伦

篆书　　　隶书　　　楷书

造字本义：篆文**倫**=**𦡼**(人)+**侖**(侖，秩序)，指按秩序排列的乐器，喻指人类社会存在的等级、秩序。

《说文解字》：倫，輩也。从人，侖聲。一曰道也。

白话《说文解字》：伦，辈份。以"人"为形旁，以"侖"为声旁。另一说法，"伦"解为"道理"。

侣

88

篆书 隶书 楷书

造字本义：篆文侣=人(人)+吕(吕，伴唱)，和谐伴唱，紧密相随的人。

《说文解字》：侣，徒侣也。从人，吕聲。

白话《说文解字》：侣，门徒，伴侣。以"人"为形旁，以"吕"为声旁。

们

隶书 楷书

造字本义：隶书们=亻(人，人丁)+門(門，代表家、族)，指同属一个家族或一个派别的若干人。

你

造字本义：对对方的称呼。

《集韵·纸韵》：伲，汝也。或作你。

偶

金文 篆书 隶书 楷书

造字本义：金文偶=亻(人，)+禺(禺，戴面具表演)+内(内)，指戴面具的艺人利用道具表演。

《说文解字》：偶，桐人也。从人，禺聲。

白话《说文解字》：偶，桐木雕的人像。以"人"为形旁，以"禺"为声旁。

佩

金文 篆书 隶书 楷书

造字本义：金文佩=亻("人"的反写)+凡("丮"，用手拿)+巾(绸带)，指古人用绸带作身上的配饰。

《说文解字》：佩，大帶佩也。从人，从凡，从巾。佩必有巾，巾謂之飾。

白话《说文解字》：佩，宽大衣服上的带状配饰。以"人、凡、巾"会义。古代佩物都系有巾，巾就是"饰"。

僻

篆书　　楷书

造字本义：篆文僻＝厂（厂，岩崖）＋辟（辟，即"避"，躲避），指为躲避灾害或伤害而搬到偏僻岩穴。

《说文解字》：僻，避也。从人，辟声。《诗》曰："宛如左僻。"一曰从旁牵也。

白话版《说文解字》：僻，避开。以"人"为形旁，以"辟"为声旁。《诗经》："迂回躲避。"另说，"僻"指从旁牵制。

偏

金文　　篆书　　隶书　　楷书

造字本义：金文偏＝亻(人)＋扁(扁，不正)，指脸不正。

《说文解字》：偏，颇也。从人，扁声。

白话《说文解字》：偏，歪向一边。以"人"为形旁，以"扁"为声旁。

企

金文　　篆书　　隶书　　楷书

造字本义：甲骨文企＝亻(人)＋止(止，脚)，指踮脚远望。

《说文解字》：企，举踵也。从人，止声。企，古文企从足。

白话《说文解字》：企，踮起脚跟。以"足"为形旁，以"止"为声旁。企，是古文"企"，以"足"为形旁。

仆

甲骨文　　金文　　篆书　　隶书　　繁体楷书　　简体楷书

仆：《说文解字》：仆，顿也。从人卜声。

仆：白话《说文解字》：仆，头着地倒在地上。以"人"为形旁，以"卜"为声旁。

僕：文言《说文解字》：僕，给事者。从人从菐，菐亦声。瞡，古文从臣。

僕：白话版《说文解字》：僕，做事情的人，以"人、菐"会义，"菐"为声旁。瞡，为古文写法，以"臣"为形旁。

侨

金文　　篆书　　隶书　　楷书

造字本义：古鉢 僑=亻(人)+喬(乔，迁)，指迁移到别处的人。

《说文解字》：僑，高也。从人，喬声。

白话《说文解字》：侨，高。以"人"为形旁，以"乔"为声旁。

俏

造字本义：相貌美好。

倾

篆书　　隶书　　楷书

造字本义：歪着头。

《说文解字》：倾，仄也。从人，从頃，頃亦声。

白话《说文解字》：倾，歪着头。以"人、顷"会义，"顷"为声旁。

仁

甲骨文　　金文　　篆书　　隶书　　楷书

造字本义：甲骨文 仁=亻(人)+二(二，等同)，指人人平等，同情包容。

《说文解字》：仁，亲也。从人，从二。忎，古文仁从千心。尸，古文仁或从尸。

白话版《说文解字》：仁，亲爱。以"人、二"会义。忎，为古文写法，以"千、心"会义。尸，为"仁"的古文异体字，以"尸"为形旁。

仍

金文　　　篆书　　　隶书　　　楷书

造字本义：金文**仍**=**亻**(人)+**孑**(乃，喂奶)，指给婴儿喂奶。

《说文解字》：仍，因也。从人，乃聲。

白话《说文解字》：仍，因袭。以"人"为形旁，以"乃"为声旁。

儒

篆书　　　　隶书　　　楷书

造字本义：金文**需**=**大**(大，成人)+**水**(水，汗)，指因体虚而出汗的人。

《说文解字》：儒，柔也。術士之偁。从人，需聲。

白话《说文解字》：儒，柔弱。是对术士的称呼。以"人"为形旁，以"需"为声旁。

僧

《说文解字》：僧，浮屠道人也。从人曾聲。

白话《说文解字》：修行的人。以"人"为形旁，"曾"为声旁。

傻

头脑蠢笨。

伤

篆书　　　　隶书　　　繁体楷书　　简体楷书

造字本义：篆文**傷**=**亻**(人)+**傷**(昜，即"**矤**"，中箭)，指人中箭受伤。

《说文解字》：傷，創也。从人，傷省聲。

白话《说文解字》：伤，创伤。以"人"为形旁，以省略了"矢"的"傷"为声旁。

伸

篆书　　　　隶书　　　楷书

92

造字本义：篆文 **伸** =**人**(人)+**申**(申，扩张)，指舒展身体。

《说文解字》：伸，屈伸。从人，申声。

白话《说文解字》：伸，一弯一曲。以"人"为形旁，以"申"为声旁。

什

篆书　　　隶书　　　楷书

《说文解字》：什，相什保也。从人、十。

白话《说文解字》：什，以十户或十人为单位，相护平安。以"人、十"会义。

使

甲骨文　　金文　　篆书　　隶书　　　楷书

造字本义：甲骨文 **串**=**中**(交战区安全地带)+**又**(又，执、持)，指手拿旌节，去交战区安全地带谈判。

《说文解字》：使，伶也。从人，吏声。

白话《说文解字》：使，摆布，命令。以"人"为形旁，以"吏"为声旁。

侍

篆书　　　隶书　　　楷书

造字本义：篆文 **侍**=**人**(人)+**寺**(寺，祭拜)，指从事祭拜活动的人。

《说文解字》：侍，承也。从人，寺声。

白话《说文解字》：侍，承奉。以"人"为形旁，以"寺"为声旁。

似

篆书　　　楷书

造字本义：金文 **以**=**台**(台，即"胎")+**人**(人，父母)，指婴儿与父母长得像。

《说文解字》：似，象也。从人，㠯声。

白话版《说文解字》：似，相像。以"人"为形旁，以"𠃌"为声旁。

俗

金文　　篆书　　隶书　　楷书

造字本义：金文 𲚃 ＝亻(人)＋谷("欲"的省略)，指有欲求的凡人。

《说文解字》：俗，習也。从人，谷聲。

白话《说文解字》：俗，地方流行的生活习惯。字形以"人"为形旁，以"谷"为声旁。

倘

假使，如果。

体

金文　　篆书　　隶书　　繁体楷书　　简体楷书

造字本义：金文 𲚃 ＝骨(身，身子)＋豊(豊，盛器中的珍品)，喻指身体里的各项器官。

《说文解字》：體，總十二屬也。从骨，豊聲。

白话《说文解字》：体，总括人身十二(所有)部分。以"骨"为形旁，以"豊"为声旁。

停

篆书　　隶书　　楷书

造字本义：篆文 𲚃 ＝亻(人，旅客)＋亭(亭，暂歇处)，指旅人在路边亭子暂时休息。

《说文解字》：停，止也。从人，亭聲。

白话《说文解字》：停，止步。以"人"为形旁，以"亭"为声旁。

偷

篆书　　　　楷书

本字"偷"：篆文+，指翻越界线盗取财物。

合并字"媮"：篆文![媮]=(女)+，指女子偷情。

《说文解字》：媮，巧黠也。从女，俞聲。

白话《说文解字》：媮，机巧狡猾。以"女"为形旁，以"俞"为声旁。

偎

造字本义：亲近。

《说文解字》：偎，从人，畏声。

白话《说文解字》：偎，以"人"为形旁，"畏"为声旁。

伟

![伟的篆书、隶书、楷书字形]

篆书　　　隶书　　　楷书

造字本义：篆文![伟]=(人)+，指从事保卫安全工作的人。

《说文解字》：偉，奇也。从人，韋聲。

白话《说文解字》：伟，特别高大的身材。以"人"为形旁，以"韦"为声旁。

伪

造字本义：欺骗。

《说文解字》：伪，詐也。从人爲聲。

白话《说文解字》：伪，指欺骗。以"人"形旁，"为"为声旁。

位

![位的篆书、隶书、楷书字形]

篆书　　　隶书　　　楷书

造字本义：指古代上朝时大臣在朝堂上站立的位置。

《说文解字》：位，列中庭之左右謂之位。从人立。

白话《说文解字》：位，宫中群臣排列在朝廷的左右两边叫作"位"。以"人、立"会义。

伍

![伍的金文、篆书、楷书字形]

金文　　　篆书　　　楷书

造字本义：金文 ⿰ (人，士兵)+ ✕ (五)，指古代军队的编制单位，每五名士兵为一组，称"伍"。

《说文解字》：伍，相参伍也。从人，从五。

白话《说文解字》：伍，指三个五个相互混杂。以"人、五"会义。

侮

甲骨文　　金文　　篆书　　隶书　　楷书

造字本义：甲骨文 ⿰ = ✕ (又，抓住、控制) ⿰ (女) + ⿰ (人，冒犯者)，指欺辱妇女。

《说文解字》：侮，傷也。从人，每聲。⿰ ，古文从母。

白话《说文解字》：侮，轻慢。以"女"为形旁，以"每"为声旁。⿰ 为古文写法，以"母"为声旁。

侠

篆书　　隶书　　楷书

造字本义：篆文 ⿰ = ⿰ (人) + ⿰ (夾，挟持)，指挟富济贫的勇士。

《说文解字》：侠，俜也。从人，夾聲。

白话《说文解字》：侠，指仗义行道的武士。以"人"为形旁，以"夾"为声旁。

仙

篆书　　楷书

造字本义：篆文 ⿰ = ⿰ (人) + ⿰ ("遷"，远离)，指远离家园。

《说文解字》：僊，長生仙去。从人，从⿰ ，亦聲。

白话《说文解字》：仙，长生不老，升天而去。以"人、"会义，"⿰ "也是声旁。

像

篆书　　隶书　　楷书

造字本义：篆文 +，指人的外貌相似。

《说文解字》：像，象也。从人，从象，象亦聲，讀若養。

白话《说文解字》：像，形象相似。以"人、象"会义，"象"也是声旁。读音和"养"相近。

休

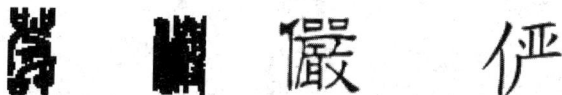

![甲骨文、金文、篆书、隶书、楷书 休]

甲骨文　　　金文　　　篆书　　　隶书　　　楷书

造字本义：甲骨文 +，像一个人在大树下歇息。

《说文解字》：休，息止也。从人依木。庥，休或从广。

白话《说文解字》：休，歇息，停止。以"人、木"会义，指人靠大树休息。庥是异体字，以"广"为边旁。

修

![金文、篆书、隶书、楷书 修]

金文　　　篆书　　　隶书　　　楷书

造字本义：金文 +，指小心地着墨上彩。

《说文解字》：修，飾也。从彡，攸聲。

白话《说文解字》：修，装饰美化。以"彡"为形旁，以"攸"为声旁。

俨

![金文、篆书、隶书、楷书 俨]

金文　　　篆书　　　隶书　　　楷书

造字本义：篆文 人+，指高标准要求自己保持仪态端庄。

《说文解字》：儼，昂頭也。从人，嚴聲。一曰好皃。

白话《说文解字》：俨，高昂着头。以"人"为形旁，以"嚴"为声旁。又一说，"俨"指漂亮的样子。

仰

![金文、篆书、隶书、楷书 仰]

金文　　　篆书　　　隶书　　　楷书

97

造字本义：金文ꞇ=ꞇ(头朝下)+ꞇ(头朝上)，指一个人抬头看着另一个人。

《说文解字》：仰，举也。从人，从卬。

白话《说文解字》：仰，举头。以"人、卬"会义，以"卬"为形旁。

依

甲骨文　　金文　　篆书　　隶书　　楷书

造字本义：甲骨文ꞇ=ꞇ(衣服)+ꞇ(人)，指一个人紧紧靠着另一个人。

《说文解字》：依，倚也。从人，衣声。

白话《说文解字》：依，倚偎。以"人"为形旁，以"衣"为声旁。

仪

篆书　　隶书　　楷书

造字本义：甲骨文ꞇ=ꞇ(羊，祥)+ꞇ(我，武器)，指战争中吉祥，正义的一方。

《说文解字》：仪，度也。从人，義声。

白话《说文解字》：仪，法度。以"人"为形旁，以"義"为声旁。

倚

篆书　　隶书　　楷书

造字本义：篆文ꞇ=ꞇ(人)+ꞇ(奇，即"椅")，指人半坐半靠的斜站着。

《说文解字》：倚，依也。从人，奇声。

白话《说文解字》：倚，依靠某物。字形以"人"为形旁，以"奇"为声旁。

佣

篆书　　楷书

造字本义：篆文ꞇ=ꞇ(人)+ꞇ(庸，打水)，指做日常杂事的人。

《说文解字》：佣，均直也。从人，庸声。

白话《说文解字》：佣，一般水平的价值，即工钱。以"人"为形旁，以"庸"为声旁。

优

金文　　篆书　　隶书　　繁体楷书　简体楷书

造字本义：金文 [字形] = 亻(人) + [字形](忧，思虑较多)，指感情丰富的演员。

《说文解字》：優，饒也。从人，憂聲。一曰倡也。

白话《说文解字》：优，宽裕。以"人"为形旁，以"憂"为声旁。又说为，"优"是倡妓。

佑

金文　　篆书　　隶书　　楷书

造字本义：伸手祈求神赐平安。

《说文解字》：祐，助也。从示，右聲。

白话《说文解字》：祐，神助。以"示"为形旁，以"右"为声旁。

仔

甲骨文　　金文　　篆书　　隶书　　楷书

造字本义：指背在成年人肩上的孩子。

《说文解字》：仔，克也。从人，子聲。

白话《说文解字》：仔，用肩担负。以"人"为形旁，以"子"为声旁。

债

篆书　　楷书

造字本义：指被催促还钱。

《说文解字》：债，債負也。从人責，責亦聲。

白话《说文解字》：债，负债。以"人""責"为形旁，以"責"为声旁。

仗

造字本义：执，拿着。

《说文解字》：仗，从人，丈声。

白话《说文解字》：仗，以"人"为形旁，"丈"为声旁。

侦

篆书　　　隶书　　　楷书

造字本义：金文 🔲=🔲(香鼎)+🔲(神杖)，指巫师占卜后查看神迹。

《说文解字》：侦，问也。从人，貞聲。

白话《说文解字》：侦，占卜查访。以"人"为形旁，以"贞"为声旁。

侄

弟兄关系的男性亲属的子女。

值

甲骨文　　　篆书　　　隶书　　　楷书

造字本义：在眼前放置东西。

《说文解字》：值，措也。从人，直聲。

白话《说文解字》：值，措置。以"人"为形旁，以"直"为声旁。

仲

篆书　　　隶书　　　楷书

造字本义：在中立立场调解。

《说文解字》：仲，中也。从人，从中，中亦聲。

白话《说文解字》：仲，仲裁。以"人、中"会义，"中"亦为声旁。

传

甲骨文　　金文　　篆书　　隶书　　楷书

造字本义：甲骨文(人)＋(專，转动)，指传送。

《说文解字》：傳，遽也。从人，專聲。

白话《说文解字》：传，以驿站转递文件。以"人"为形旁，以"專"为声旁。

住

| 金文 | 隶书 | 楷书 |

《字彙·人部》：住，居也。

作

| 篆书 | 隶书 | 楷书 |

造字本义：甲骨文(刀)＋(纵横的刻纹)，指用工具刻削物品。

《说文解字》：作，起也。从人，从乍。

白话《说文解字》：作，由卧或坐而站立。以"人、乍"会义。

做

指从事某种工作或活动。

正面的人：大

所统摄的字：奔 并 赤 大 夫 辜 夯 赫 夹 交 竣 拉 立 美 辟 泣 乔 奢 爽 太 替 天 位 笑 奄 央 夭 夷 亦 奕(大) 辛 站

大

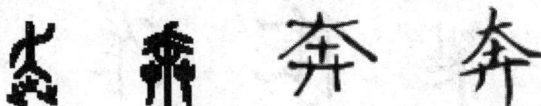

| 甲骨文 | 金文 | 篆书 | 隶书 | 楷书 |

《说文解字》：大，天大，地大，人亦大。故大象人形。古文才也。凡大之属皆从大。

白话《说文解字》：大，天大，地大，人也大。所以"大"字像人的形象。大是古文写法的"才"字。所有与大相关的字，都用"大"为形旁。

奔

| 金文 | 篆书 | 隶书 | 楷书 |

造字本义：指人快跑。

《说文解字》：奔，走也。从夭，贲省声。与走同意，俱从夭。

白话《说文解字》：奔，跑。以"夭"为形旁，以省略了"贝"的"贲"为声旁。

"奔"与"走"字义相同，都以"夭"为形旁。

并

| 甲骨文 | 金文 | 篆书 | 隶书 | 楷书 |

《说文解字》：并，相从也。从从，开声。一曰从持二为并。

白话《说文解字》：并，相跟随。以"从"为形旁，以"开"为声旁。又一说，"并"是由"从"字和两个"干"字构成。

赤

造字本义：甲骨文 🔥（大）＋〰（火），指人执行火刑。

《说文解字》：赤，南方色也。从大从火。凡赤之属皆从赤。烾，古文从炎、土。

白话《说文解字》：赤，南方的颜色。以"大、火"会义。所有与赤有关的字，都以"赤"作边旁。"𤆍"为古文"赤"，以"炎、土"会义。

夫

| 甲骨文 | 金文 | 篆书 | 隶书 | 楷书 |

造字本义：指用发簪将头发固定在头顶的成年男子。

《说文解字》：夫，丈夫也。从大，一以象簪也。周制以八寸爲尺，十尺爲丈。人长八尺，故曰丈夫。凡夫之属皆从夫。

白话《说文解字》：夫，成年男子。以"大"为形旁，一划为头顶的簪子。周代的长度衡制，以八寸为一尺，以十尺为一丈。成年男子身高八尺，所以称为"丈夫"。所有与夫相关的字，都以"夫"为边旁。

夯

造字本义：指劳动时付出很大气力。

《说文解字》：从大，从力。

白话《说文解字》：以"大""力"会意。

赫

| 篆书 | 隶书 | 楷书 |

造字本义：篆文𤎩=赤(赤，深红)+赤(赤，深红)，指火红色。

《说文解字》：赫，火赤皃。从二赤。

白话《说文解字》：赫，火红色。字形以两个"赤"会义。

夹

| 甲骨文 | 金文 | 篆书 | 隶书 | 楷书 |

造字本义：指两个人从腋下将一个人架起。

《说文解字》：夹，持也。从大侠二人。

白话《说文解字》：夹，从左右两侧扶持。字形以"大"和两个"人"会义。

交

甲骨文	金文	篆书	隶书	楷书

造字本义：指两腿交叉着站立。

《说文解字》：交，交胫也。从大，象交形。凡交之属皆从交。

白话《说文解字》：交，小腿交叉着站立。以"大"为形旁，♌像两腿交叉的样子。所有与交相关的字，都以"交"为形旁。

竣

篆书	隶书	楷书

造字本义：篆文竣=⋔(立，站)+叒(夋，爬行)，指大臣禀报完毕后俯首等候。

《说文解字》：竣，偓竣也。从立，夋聲。《國語》曰："有司已事而竣。"

白话《说文解字》：竣，蹲伏。以"立"为形旁，以"夋"为声旁。《国语》："有关官员办事结束后退伏。"

拉

篆书	隶书	楷书

《说文解字》：拉，摧也。从手，立聲。

白话版《说文解字》：拉，摧折。字形采用"手"作边旁，采用"立"作声旁。

立

甲骨文	金文	篆书	隶书	楷书

造字本义：指人站在大地上。

《说文解字》：立，住也。从大立一之上。凡立之属皆从立。

白话《说文解字》：立，站住。所有与立相关的字，都采用"立"作边旁。

美

甲骨文　　金文　　篆书　　隶书　　楷书

造字本义：指肥美的羊。

《说文解字》：美，甘也。从羊，从大。羊在六畜主给膳也。美與善同意。

白话《说文解字》：美，美味，爽口。以"羊、大"会义。在六畜中羊主要是提供肉食的功能。"美"与"善"是一个意思。

泣

金文　　篆书　　隶书　　楷书

造字本义：金文（水，眼泪）+（立，站着的人），指站着流泪的人。

《说文解字》：泣，無聲出涕曰泣。从水，立聲。

白话《说文解字》：泣，无声出涕叫"泣"。以"水"为形旁，以"立"为声旁。

乔

金文　　篆书　　隶书　　楷书

造字本义：指建筑物高耸而造型优美。

《说文解字》：喬，高而曲也。从夭，从高省。《詩》曰："南有喬木。"

白话《说文解字》：乔，高而弯曲。以"夭"和省略的"高"会义。《诗经》："南方有高而曲的树木。"

奢

金文　　篆书　　隶书　　楷书

造字本义：金文（大）+（者，烹煮），用大锅煮东西，喻指排场铺张。

《说文解字》：奢，張也。从大，者聲。

白话《说文解字》：奢，铺张。以"大"为形旁，以"者"为声旁。

爽

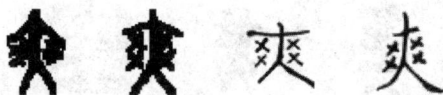

金文　　篆书　　隶书　　楷书

造字本义：指腋下有手挠痒，使心情舒畅。

《说文解字》：爽，明也。从㸚，从大。𤕦，篆文爽。

白话《说文解字》：爽，明朗。以"㸚、大"会义。𤕦是篆文"爽"。

太

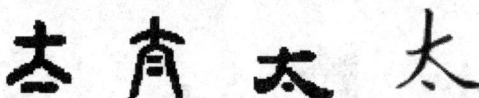

金文　　篆书　　隶书　　楷书

《广雅·释诂一》：太，大也。

替

金文　　篆书　　隶书　　楷书

造字本义：金文（两个张着大口的人）+（曰，说），两个放哨或出警的卫兵互致口令换岗。

《说文解字》：替，癈一偏下也。从竝，白聲。

白话《说文解字》：替，固疾一偏下(？)。以"竝"为形旁，"白"作声旁。

天

甲骨文　　金文　　篆书　　隶书　　楷书

造字本义：名词，指人头顶之上的空间。

《说文解字》：天，顚也。至高無上，从一、大。

白话《说文解字》：天，头顶。至高无上，字形由"一、大"构成。

笑

篆书　　隶书　　楷书

106

造字本义：因喜悦而弯腰发出的快乐的声音。

《说文新附》：笑，此字本闕。〖注〗臣鉉等案：孫愐《唐韻》引《說文》云："喜也。从竹从犬。"而不述其義。今俗皆从犬。又案：李陽冰刊定《說文》从竹从夭義云：竹得風，其體夭屈如人之笑。未知其審。

奄

金文　　篆书　　隶书　　楷书

造字本义：金文 𖢊=𖢊(打雷时的闪电)+大(大，人)，指人遭遇雷击。

《说文解字》：奄，覆也。大有餘也。又，欠也。从大，从申。申，展也。

白话《说文解字》：奄，覆盖。指超过预期。又，指打哈欠。字形以"大、申"会义。

申，指伸展。

央

甲骨文　　金文　　篆书　　隶书　　楷书

造字本义：指人站在门中间。

《说文解字》：央，中央也。从大在门之内。大，人也。

白话《说文解字》：央，中央。指"大"在"门"中。"大"，指"人"。

夭

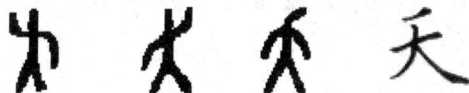

甲骨文　　金文　　篆书　　楷书

造字本义：身体弯曲的样子。

《说文解字》：夭，屈也。从大，象形。

白话《说文解字》：夭，屈身。以"大"为形旁，像人弯曲身体。

夷

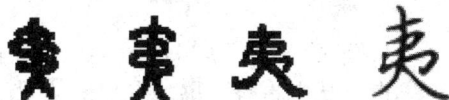

金文　　篆书　　隶书　　楷书

造字本义：中原人用绳索捆绑俘获的外邦人。

《说文解字》：夷，平也。从大，从弓。東方之人也。

白话《说文解字》：夷，平坦。字形采用"大、弓"会义。又指居住在东方的人。

亦

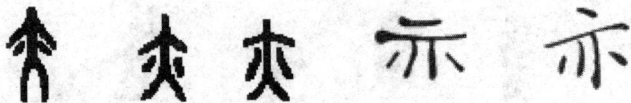

| 甲骨文 | 金文 | 篆书 | 隶书 | 楷书 |

造字本义：指人的腋窝。

《说文解字》：亦，人之臂亦也。从大，象两亦之形。

白话《说文解字》：亦，人的腋窝。以"大"为形旁，两点指事符号 ╱╲ 指人的两腋。

奕(大)

《说文解字》：奕，大也。从亣亦聲。

白话《说文解字》：奕，大的意思。以"亣"为形旁，"亦"为声旁。

辛

| 甲骨文 | 金文 | 篆书 | 隶书 | 楷书 |

造字本义：指戴罪之人。

《说文解字》：辛，秋時萬物成而孰；金剛，味辛，辛痛即泣出。从一，从辛。

白话《说文解字》：辛，秋天万物成熟，金性质硬，味道辛辣，辛辣时人会流泪。以"一、辛"会义。

站

造字本义：直立。

《说文解字》：从立，占声。

辜

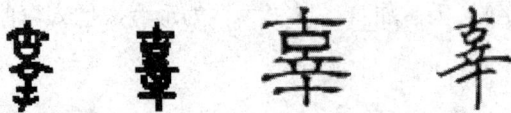

| 金文 | 篆书 | 隶书 | 楷书 |

《说文解字》：辜，辠也。从辛古聲。𣎴，古文辜从死。

白话《说文解字》：辜，治死罪。字形采用"辛"作边旁，"古"作声旁。，这是古文写法的"辜"，字形采用"死"作边旁。

辟

| 甲骨文 | 金文 | 篆书 | 隶书 | 楷书 |

造字本义：甲骨文 = (人)+ (辛，刑具)，指为人执行死刑。

《说文解字》：辟，法也。从卩从辛，節制其辠也；从口，用法者也。凡辟之屬皆从辟。

白话《说文解字》：辟，律法。以"卩、辛"会意，指控制人的欲望；以"口"为形旁，指执法者。

女

母　　　系：姓　姜　姚　嫡

生育哺乳：母　每　敏　繁　毒　海　安　娩　妥　始　婴

负　　　面：妒　嫉　奸　妄　嫌

服　　　侍：妇　奴　委　如

社会关系：姑　姐　妹　姥　姆　娘　嫂　婶　威　媳　婿　姨　姊　妻

外　　　貌：好　妙　娇　婕　姿　媚　娜　嫩　婆　娃　妖　妆

女 艺 人：妓

娱　　　乐：嬉　娱

身　　　体：要

形　　　态：空

婚　　　姻：婚　嫁　媒　娶　姻

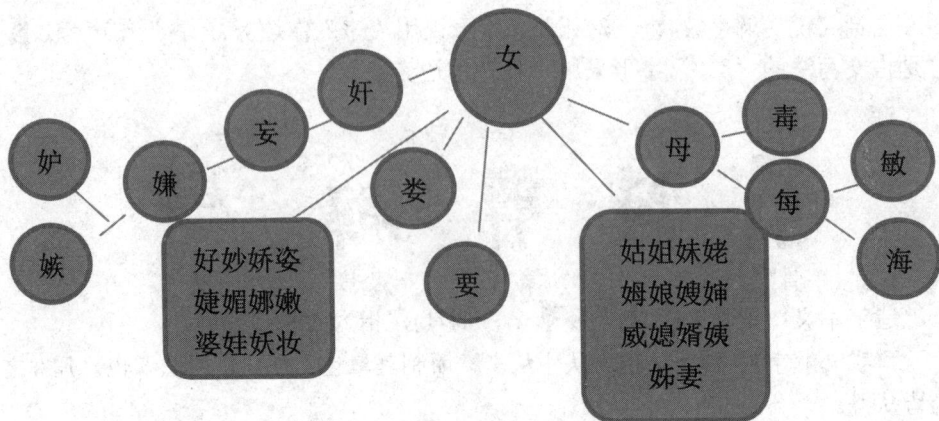

女

甲骨文　　金文　　篆书　　隶书　　楷书

造字本义：弯腰曲臂的温柔女人。

《说文解字》：女，妇人也。象形。王育說。

白话《说文解字》：女，妇人。像妇人之形。这是王育的说法。

姓

甲骨文　　金文　　篆书　　隶书　　楷书

造字本义：甲骨文 ![img]=+，指孩子的生母。

《说文解字》：姓，人所生也。古之神聖母，感天而生子，故稱天子。从女，从生，生亦聲。

白话《说文解字》：姓，指人的生身母亲。据传古时候的圣母，受到上天的感应生下来孩子，那个孩子就是天子。字形以"女、生"会义，"生"也是声旁。

母

甲骨文　　金文　　篆书　　隶书　　楷书

造字本义：乳房发达，具有哺乳能力、喂养孩子的女人。

《说文解字》：母，牧也。从女，象裹子形。一曰象乳子也。

110

白话《说文解字》：母，像养牛一样哺育子女。以"女"为形旁，像怀抱孩子的形态。另一说为，"母"的字形像哺乳幼子的样子。

每

甲骨文　　金文　　篆书　　隶书　　楷书

造字本义：甲骨文 ![] = + ，指孩子在母亲哺育下快速生长。

《说文解字》：每，艸盛上出也。从中，母聲。

白话《说文解字》：每，草叶茂盛，叶片向上长出的样子。字形以"中"为形旁，以"母"为声旁。

敏

甲骨文　　金文　　篆书　　隶书　　楷书

造字本义：甲骨文 ![] = + ，指养育孩子成长的母亲迅速麻利的动作。

《说文解字》：敏，疾也。从攴，每聲。

白话《说文解字》：敏，动作快捷。字形以"攴"为形旁，以"每"为声旁。

繁

金文　　篆书　　隶书　　楷书

造字本义：金文 ![] = + ，指生育过多，借助结绳记事来统计生育数量。

《说文解字》：繁，馬髦飾也。从糸，每聲。

白话《说文解字》：繁，马头鬣毛上的装饰物。字形采用"糸"作边旁，采用"每"作声旁。

毒

篆书　　隶书　　楷书

111

造字本义：篆文+，指可以对生命造成危害的有毒植物。

《说文解字》：毒，厚也。害人之艸，往往而生。从中，从毒。

白话《说文解字》：毒，一种危害生命的野草，到处生长。字形以"中、毒"会义。

海

| 金文 | 篆书 | 隶书 | 楷书 |

造字本义：金文+，指河流的母亲，千万条水的交汇之处。

《说文解字》：海，天池也。以納百川者。从水，每聲。

白话《说文解字》：海，天然大池。容纳汇聚千万条河流的地方。字形以"水"为形旁，以"每"为声旁。

安

| 甲骨文 | 金文 | 篆书 | 隶书 | 楷书 |

造字本义：甲骨文+，指男子在房中娶妻，安居乐业。

《说文解字》：安，静也。从女在宀下。

白话《说文解字》：安，娴静。字形以"宀、女"会义，指有女人在屋中。

嫡

| 篆书 | 楷书 |

造字本义：篆文+，指在一个大家庭中最有权威的女子。

《说文解字》：嫡，孎也。从女，啻聲。

白话《说文解字》：嫡，谨慎。字形以"女"为形旁，以"啻"为声旁。

妒

妒　妒

篆书　　　楷书

造字本义：篆文妒=(女)+户(户，家室)，指居住于家中的女子心生嫉恨，担忧焦虑。

《说文解字》：妒，妇妒夫也。从女，户声。

白话《说文解字》：妒，妇人嫉恨丈夫。字形以"女"为形旁，以"户"为声旁。

妨

妨　妨　妨

篆书　　　隶书　　　楷书

造字本义：篆文妨=(女，美色)+方(方，受刑发配边疆)，指由于受到美色诱惑而犯罪，喻指受到不好的影响。

《说文解字》：妨，害也。从女，方声。

白话《说文解字》：妨，起破坏影响。字形以"女"为形旁，以"方"为声旁。

妇

妇　妇　妇　妇　妇

甲骨文　　　金文　　　篆书　　　隶书　　　繁体楷书　　简体楷书

造字本义：指女子在家打扫，操持家务。

《说文解字》：妇，服也。从女持帚洒扫也。

白话《说文解字》：妇，服侍男人的女人。以"女、帚"会义，指女人在家打扫操持。

姑

姑　姑　姑　姑

金文　　　篆书　　　隶书　　　楷书

造字本义：金文姑=(女)+古(古，老)，指丈夫的母亲。

《说文解字》：姑，夫母也。从女，古声。

白话《说文解字》：姑，丈夫的母亲。字形以"女"为形旁，以"古"为声旁。

好

| 甲骨文 | 金文 | 篆书 | 隶书 | 楷书 |

造字本义：甲骨文 𗊱=𗊲(女，女子) +𗊳(子，幼子)，指母亲养护孩子长大。

《说文解字》：好，美也。从女子。

白话《说文解字》：好，女子美丽。以"女、子"会义。

婚

| 金文 | 篆书 | 隶书 | 楷书 |

《说文解字》：婚，妇家也。《禮》：娶婦以昏時，婦人陰也，故曰婚。从女，从昏，昏亦聲。■，籀文婚。

白话《说文解字》：婚，指女子出嫁。《礼》中记载：迎娶新娘要选择黄昏时分，是由于女子属阴，所以叫"婚"。字形以"女、昏"会义，"昏"亦为声旁。■，是籀文"婚"。

嫉

| 篆书 | 楷书 |

造字本义：篆文 𗊱=𗊲(人) +𗊳(疾，病)，指人有心病。

《说文解字》：𗊱，妬也。从人，疾聲。一曰毒也。嫉，或从女。

白话《说文解字》：𗊱，妒恨。以"人"为形旁，以"疾"为声旁。另一说，"嫉"指毒害。嫉，或者可以说以"女"为形旁。

妓

| 篆书 | 隶书 | 楷书 |

造字本义：古代以唱歌、舞蹈、杂技等表演为生的女艺人。

《说文解字》：妓，婦人小物也。从女，支聲，讀若跂行。

白话《说文解字》：妓，妇女专用的小物件。以"女"为形旁，以"支"为声旁。读音类似"跂行"的"跂"。

嫁

篆书　　　隶书　　　楷书

造字本义：篆文 (女)+ (家)，指女子出嫁，建立新的家庭。

《说文解字》：嫁，女適人也。从女，家聲。

白话《说文解字》：嫁，女子出嫁与丈夫建立新的家庭。以"女"为形旁，以"家"为声旁。

奸

篆书　　　隶书　　　楷书

造字本义：篆文 (女)+ (干，武器)，指强暴妇女。

《说文解字》：奸，犯婬也。从女，从干，干亦聲。

白话《说文解字》：奸，犯奸淫的罪恶。字形以"女、干"会义，"干"也作声旁。

姜

甲骨文　　　金文　　　篆书　　　隶书　　　楷书

造字本义：甲骨文 (羊)+ (女)，指牧羊女子。

《说文解字》：姜，神農居姜水，以爲姓。从女，羊聲。

白话《说文解字》：姜，神农氏在姜河流域居住生活，因此便以"姜"为姓。以"女"为形旁，以"羊"为声旁。

娇

篆书　　　隶书　　　楷书

115

造字本义：篆文 (女)+(乔，高)，指女子身材高挑、美丽。

《说文解字》：娇，姿也。从女，乔声。

白话《说文解字》：娇，女子美丽的姿态。以"女"为形旁，以"乔"为声旁。

婕

形容女子的字，常组合用作"婕妤"，指中国古代女官名。

姐

篆书　　隶书　　楷书

《说文解字》：姐，蜀謂母曰姐，淮南謂之社。从女，且聲。

白话《说文解字》：姐，蜀地人称母亲为"姐"，淮南则称母亲为"社"。字形以"女"为形旁旁，以"且"为声旁。

姥

指对老年妇女的俗称。

娄

金文　　篆书　　繁体楷书　　简体楷书

造字本义：金文 =(双手的连写)+(口)+(女)，指男子将女子搂在怀里亲吻。

《说文解字》：婁，空也。从母中女，空之意也。一曰婁，務也。，古文。

白话《说文解字》：娄，中空。字形以"母、女"会义，指中空。另一说，"娄"指"极力"。为古文写法。

媒

造字本义：篆文 =(女)+(某，即"谋"，商议)会义，指从事婚姻介绍的女性。

《说文解字》：媒，谋也，谋合二姓。从女，某声。

白话《说文解字》：媒，谋划，为两个不同家庭的人介绍婚姻，使两人结合。字形以"女"为形旁，以"某"为声旁。

妹

甲骨文　　　金文　　　篆书　　　隶书　　　楷书

《说文解字》：妹，女弟也。从女，未聲。

白话版《说文解字》：妹，同一父母的女孩中比自己年纪小的。字形采用"女"作边旁，采用"未"作声旁。

媚

甲骨文　　　金文　　　篆书　　　隶书　　　楷书

造字本义：甲骨文　=　(女)+　(眉，眼睫)，指女子眉目含情，使人愉悦。

《说文解字》：媚，說也。从女，眉聲。

白话《说文解字》：媚，令人愉悦。字形以"女"为形旁，以"眉"为声旁。

妙

指美，好。

姆

指对母亲的称呼。

娜

指姿态婀娜，美貌。

嫩

指植物初生时的娇嫩状态。

娘

甲骨文　　　金文　　　篆书　　　隶书　　　楷书

甲骨文　=　(良，纯洁美好)+　(女)，指纯洁美好的女性。

《说文解字》：孃：煩擾也。一曰肥大也。从女，襄聲。

白话《说文解字》：娘，烦扰。另一说，"孃"为"肥大"。字形以"女"为形旁，以"襄"为声旁。

奴

金文　　　篆书　　　隶书　　　楷书

《说文解字》：奴，奴、婢，皆古之辠人也。《周禮》曰："其奴，男子入于辠隶，女子入于春藁。"从女，从又。从，古文奴，从人。

白话《说文解字》：奴，奴、婢，都是古代对罪人的称呼。《周礼》："地位低下的奴才，男性由负责杂役的人安排，女性由负责春米种菜的人安排。"字形以"女、又"会义。从为古文"奴"，以"人"为形旁。

婆

指翩翩起舞的姿容。

婆娑，舞也。——《尔雅》

妻

金文　　　篆书　　　隶书　　　楷书

造字本义：指与丈夫共同操持家务的女性。

《说文解字》：妻，婦與夫齊者也。从女，从中，从又。又，持事，妻職也。素，古文妻，从𢇧、女。𢇧，古文貴字。

白话版《说文解字》：妻，与丈夫相齐配的女性。以"女、中、又"会义。又，指操持家务，是做妻子的责任。素为古文写法，以"𢇧、女"会义。𢇧，为古文"贵"字。

娶

甲骨文　　　篆书　　　隶书　　　楷书

造字本义：甲骨文⿰（女，新娘）+⿰（取，强夺），指远古时期的抢亲习俗。

《说文解字》：娶，取婦也。从女，从取，取亦聲。

白话《说文解字》：娶，强抢女子为妻。字形以"女、取"会义，"取"亦为声旁。

如

甲骨文　　　金文　　　篆书　　　隶书　　　楷书

造字本义：甲骨文 ⿰ (口，应答)＋ ⿰ (女)，指女子答允，表示顺从柔弱的性格。

《说文解字》：如，从随也。从女，从口。

白话《说文解字》：如，顺从跟随。字形以"女、口"会义。

嫂

篆书　　　隶书　　　楷书

造字本义：篆文 ⿰ ＝ ⿰ (女，妻子)＋ ⿰ (叟)，指兄长的妻子。

《说文解字》：嫂，兄妻也。從女，叜聲。

白话《说文解字》：嫂，哥哥的妻子。字形以"女"为形旁，以"叟"为声旁。

婶：指父亲弟弟的妻子。

始

金文　　　篆书　　　隶书　　　楷书

造字本义：金文 ⿰ ＝ ⿰ (台，怀胎)＋ ⿰ (女，母)，指为家族繁衍子孙的最早的母亲。

《说文解字》：始，女之初也。从女，台聲。

白话《说文解字》：始，女子的初生。以"女"为形旁，以"台"为声旁。

妥

甲骨文　　　金文　　　篆书　　　隶书　　　楷书

造字本义：甲骨文 ⿰ ＝ ⿰ (女)＋ ⿰ (又)，指用手安抚女子。

《说文解字》：妥，安也。从爪女。妥與安同意。

白话《说文解字》：妥，安抚。以"爪、女"会义。"妥"与"安"意义相近。

娃

娃　娃

篆书　　　楷书

《说文解字》：娃，圜深目皃。或曰吳楚之閒謂好曰娃。从女，圭聲。

白话《说文解字》：娃，女子眼睛圆而又深的样子。另一种说法认为，吴、楚一带的人们将"女子漂亮"称作"娃"。字形采用"女"作边旁，采用"圭"作声旁。

娩

指女人生孩子。

妄

毕　宪　奌　妄

金文　　篆书　　隶书　　　楷书

造字本义：金文毕=匕(亡，即"无")+中(女，妇人)，指妇女凭空乱来。

《说文解字》：妄，亂也。从女，亡聲。

白话《说文解字》：妄，无理乱来。以"女"为形旁，以"亡"为声旁。

威

戢　臧　威　威　威

金文　　　　篆书　　　隶书　　　楷书

造字本义：金文戢=戌(戌，武器)+女(女)，指有威力的女子，即丈夫的母亲。

《说文解字》：威，姑也。从女从戌。漢律曰："婦告威姑。"

白话《说文解字》：威，丈夫的母亲。以"女、戌"会义。汉朝的律法曾记载："妇女告发婆婆"。

委

委　委　委　委

甲骨文　　篆书　　隶书　　　楷书

造字本义：甲骨文委=女(女)+禾(禾)，指女子像植物一样顺从。

《说文解字》：委，隨也。从女，从禾。

白话《说文解字》：委，顺从。以"女、禾"会义。

媳

儿子的配偶。

嬉

甲骨文　　　楷书

造字本义：女子在鼓乐中欢欣歌舞。

《广雅·释诂三》：嬉，戏也。

《玉篇·女部》：嬉，樂也。

嫌

篆书　　　隶书　　　楷书

《说文解字》：嫌，不平於心也。一曰疑也。从女，兼聲。

白话《说文解字》：嫌，心理不平衡。另一说，"嫌"指"猜疑"。以"女"为形旁，以"兼"为声旁。

姓

甲骨文　　　金文　　　篆书　　　隶书　　　楷书

造字本义：甲骨文 +，指孩子的生母。

《说文解字》：姓，人所生也。古之神圣母，感天而生子，故称天子。从女，从生，生亦聲。

白话《说文解字》：姓，指人的生身母亲。据传古时候的圣母，受到上天的感应生下来孩子，那个孩子就是天子。字形以"女、生"会义，"生"也是声旁。

婿

古代称呼女子的丈夫。

妖

指淫邪，不正。

姚

金文　　　篆书　　　隶书　　　楷书

《说文解字》：姚，虞舜居姚虚，因以爲姓。从女，兆聲。或爲姚，娆也。《史篇》以爲：姚，易也。

白话《说文解字》：姚，虞舜居住在姚山，便以山名为姓。字形以"女"为形旁，以"兆"为声旁。又一说，"姚"指"娆"。《史篇》说，"姚"指"易"。

要

甲骨文　　　金文　　　篆书　　　隶书　　　楷书

《说文解字》：要，身中也。象人要自𦥑之形。从𦥑，交省聲。

白话版《说文解字》：要，身躯的中段。像人用两手叉着腰部的样子。字形采用"𦥑"作边旁，采用省略了声母的"交"作声旁。

姨

篆书　　　隶书　　　楷书

造字本义：篆文𡜎=𛁽(女)+夷(夷，外来的)，指来自妻子这一家族的姐妹。

《说文解字》：姨，妻之女弟同出爲姨。从女，夷聲。

白话《说文解字》：姨，指妻子家中年纪小于妻子、已经出嫁的姐妹，称"姨"。字形以"女"为形旁，以"夷"为声旁。

姻

金文　　　篆书　　　隶书　　　楷书

造字本义：金文𡝩=因(因，依靠)+𛁽(女)，指女子出嫁后依靠的婆家。

《说文解字》：姻，壻家也。女之所因，故曰姻。从女，从因，因亦聲。㛰，籒文姻从𣎆。

白话《说文解字》：姻，女婿的家。是女人出嫁后的依靠，所以叫"姻"。字形以"女、因"会义，"因"亦为声旁。㛰是籒文写法，字形以"𣎆"为声旁。

婴

　　甲骨文　　金文　　篆书　　隶书　　楷书

　　造字本义：甲骨文 ![图] = ++，指女子在颈间用珠玉等装饰自己。

　　《说文解字》：婴，颈饰也。从女賏。賏，其连也。

　　白话《说文解字》：婴，妇女戴在颈脖上的饰物。以"女、賏"会义。"賏"，指将贝类、珠玉等串连在一起。

娱

　　　　　篆书　　隶书　　楷书

　　造字本义：指女人歌舞欢愉。

　　《说文解字》：娱，乐也。从女，吴声。

　　白话《说文解字》：娱，作乐。字形以"女"为形旁，以"吴"为声旁。

妆

　　甲骨文　　金文　　篆书　　隶书　　楷书

　　造字本义：甲骨文 ![图] = +，指女子起床后梳妆打扮。

　　《说文解字》：妆，饰也。从女，牀省声。

　　白话《说文解字》：妆，修饰。字形以"女"为形旁，以省略"木"的"牀"为声旁。

姿

　　　　　篆书　　隶书　　楷书

　　《说文解字》：姿，态也。从女，次声。

　　白话《说文解字》：姿，女子美好的体态。字形以"女"为形旁，以"次"为声旁。

姊

金文　　　篆书　　　隶书　　　楷书

造字本义：金文**帱**=**中**(女，新娘)+**禾**(来，婚嫁而至)，古代姑舅对嫂子的称呼。

《说文解字》：姊，女兄也。从女，**朿**聲。

白话《说文解字》：姊，姐妹中比自己年长的。字形以"女"为形旁，以"**朿**"为声旁。

弟

甲骨文　　　金文　　　篆书　　　隶书　　　楷书

造字本义：甲骨文**弟**=**弋**(倒写的"弋")+**己**(己，绑)，指用牛皮缠绕兵器或工具的次序。

《说文解字》：弟，韋束之次弟也。从古字之象。

白话《说文解字》：弟，用牛皮缠绕某物品的次序。与古文字形相近。

普通人：民 氓

民

甲骨文　　　金文　　　篆书　　　隶书　　　楷书

造字本义：用利器刺瞎战俘的眼睛，使其难以逃脱，安于受奴役。

《说文解字》：民，众萌也。从古文之象。

白话《说文解字》：民，众氓。与古文字形接近。

氓

甲骨文　　　篆书　　　隶书　　　楷书

造字本义：指被刺瞎双眼，失去逃亡能力的奴隶。

《说文解字》：氓，民也。从民亡聲，讀若盲。

白话《说文解字》：氓，普通百姓。字形以"民"为形旁，以"亡"为声旁，读作"盲"。

老年期

老 考 孝 寿

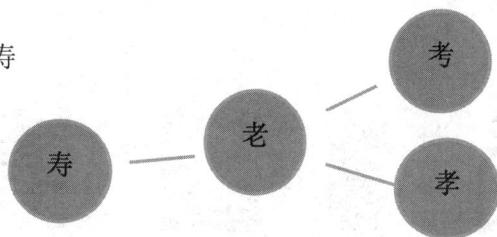

老

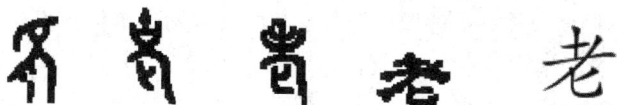

| 甲骨文 | 金文 | 篆书 | 隶书 | 楷书 |

造字本义：甲骨文𦒱=𠂤(头发长)+𠆢(人)+𠂇(手拄棍杖│)，指头发披散稀少、拄着拐杖的年长者。

《说文解字》：老，考也。七十曰老。从人毛匕。言须髮变白也。

白话《说文解字》：老，衰朽。人到七十为"老"。以"人、毛、匕"会义。这是指胡须头发都变白了。

考

| 甲骨文 | 金文 | 篆书 | 隶书 | 楷书 |

造字本义：指白发飘散、手拄拐杖的年长者。

《说文解字》：考，老也。从老省，丂声。

白话《说文解字》：考，衰老。字形以省略了"匕"的"老"为旁，以"丂"作声旁。

孝

| 甲骨文 | 金文 | 篆书 | 隶书 | 楷书 |

造字本义：甲骨文𡥈=𦒱(是"老"的省略)+子(子，后代)，指儿孙搀扶老人，喻指老人老有所依。

《说文解字》：孝，善事父母者。从老省，从子。子承老也。

白话《说文解字》：孝，能够完善的侍奉父母的人。字形以省略了"匕"的"老"和"子"会义。这个字形是"子承老"的意思。

寿

金文　　　篆书　　　隶书　　　楷书

造字本义：甲骨文 ㄠ-ㄥ(是"乚"的一半，表示无限延伸)+ㅁ(夕，即"肉")+ㅁ(夕，即"肉")，指肉身能长久流存，即活得长久。

《说文解字》：壽，久也。从老省，ㅌ聲。

白话《说文解字》：寿，活得长久。字形以省略后的"老"为形旁，以"ㅌ"为声旁。

三、第三阶段：课堂实践

1. 明确实践理念

(1) 构建汉字系统，提高识字效率。我们在汉字归类时只考虑了汉字部件所体现的汉字系统。其实汉字是音形义的结合体，从音形义三方面都可以构成不同的汉字系统。如："木"的同音字有目、牧、幕、墓、慕等；苏教版三年级上册中以"木"为部件的字有棒、查、柴、楚、格、核、桨、榴、校、植；利用字义可以很容易地理解木、本、末、林、森的构字理据。在课堂实践中，要紧抓汉字系统，因地制宜的选取音形义最适切的方面进行识字教学，提高识字效率。

(2) 分册分阶段讲解常用部首及所涉生字的汉字文化。2009 年版的《现代常用字部件及部件名称规范》中共收录现代常用字部件 514 个，如不加以分类，集中识记势必给小学低段学生造成巨大的识记压力，影响识字热情。依据各册生字表，明确每册所要掌握的部件及所辖字，基本按照小学低段引导识记、中段巩固提高、高段自主识记的步骤安排实践步骤。

(3) 重视识字与阅读教学的相互促进作用。现阶段，我国小学语文课本一般对识字的编排为随文识字。依据汉字系统的集中识字虽有着较高的识字效率，但随文识字的适用范围更广。

在随文识字时渗透汉字文化可从以下方面入手：①依课归纳。依据所学课文，进行汉字分类归纳。如依据形声字声符、义符特点对苏教版语文一年级上册第 7

课的生字进行分类归纳：左形右声的生字有秋、姑、娘、信、摘、村6个。该课教学结合形声字特点学习生字，并适时渗透各字汉字文化，将加强对生字的理解识记，培养自主识字能力。②随文析字。掌握汉字所蕴含的汉字文化，有助于培养学生对汉语言文字的敏感性，增强对文本的感悟能力，体味汉字字斟句酌间的细微差别，从而获得较高层次的审美体验。如：在讲解课文《秋姑娘的信》时，教师如能讲解"信"的汉字文化，让学生懂得中国人写信的历史，通过"家书抵万金"、"岭外音书断"等诗句和"见字如面"等成语让学生了解书信对于生活的重要性和温暖心灵的力量，就更能理解秋姑娘为什么要写那么多的信，更深的理解课文内容。

2．实践教师践前培训

受教育背景的局限，多数小学语文教师对汉字文化知识知之甚少，尤其是字形理据分析几乎从未学习、研究过。笔者曾对晋中市2015年115名小学语文骨干教师培训做过调查，在所考查的70个常用字部件知识中，有91名教师不能准确写出部件名称，只有54名教师可以基本准确地说出35个以上的部件的构字理据。由于部件具有强大的构字能力，教师不能很好掌握部件的相关汉字学知识就意味着教师对大多数汉字的识字过程是无法正确地从汉字学角度展开，渗透相关汉字文化更无从谈起。

实践教师践前培训是不能忽视的步骤，可从以下几点做起：①全体教师培训。组织教师就常用部件的汉字文化进行集中培训，如亻、口、土等在每册课本生字表中都会出现的部件。向教师发放常用字部件的汉字文化资料，以方便学习、查阅；选取小学识字教学中渗透汉字文化的识字教学视频(此视频是课题组成员集体备课、精心录制的)组织教师观看，以启发教学思路；选取在全国范围颇有影响的几种识字教学方法的课堂视频推荐教师观看，拓宽教师视野。田本娜教授在第一届识字教育国际研讨会上指出："汉字教学中多种风格各异的识字教学方法，组成了汉字教学的新阶段。……因而在具体实践中相互影响、相互补充是合乎识字教育发展规律的。"②分年级教师培训。分年级就小学课本各册生字所涉部件和重点例字的汉字文化进行针对培训，使教师学有所用，提高效率。组织教师观看各册生字教学视频，针对性的启发教学思路。

3．策略示例

(1) 教学示例一：部件集中识字渗透汉字文化

【授课对象】

小学三年级学生

【课前准备】

教师课前查找本节所学的汉字部件巳、子、氏、亻、人、母、女、老、鬼的字形演变、字形理据等汉字文化内容，并就课堂设计制作 PPT 课件。

【教学目标】

学习汉字部件巳、子、氏、亻、人、母、女、老、鬼的字形理据，了解汉字文化相关知识，培养学生对祖国语言文字的热爱。

了解与部件巳、子、氏、亻、人、母、女、老、鬼相关的部分汉字，掌握识字方法，培养独立识字能力。

【教学重难点】

学习汉字部件巳、子、氏、亻、人、母、女、老、鬼的字形理据，了解相关汉字文化知识。

【教学方法】

① 合作探究法。
② 集中识字法。

【课时安排】

一课时

【教学过程】

① 导入。
以分析"人"字形演变导入。
② 学习部件字理，建立与字形的联系。
a. 教师给出巳、子、氏、亻、人、母、女、老、鬼作为选项，并运用 PPT 出示各部件的古文字写法，让学生尝试——对应。
b. 小组说出对应结果，并讲解原因。
c. 教师给出正确结果，并对学生阐释不全之处予以补充。
d. 各组学生代表重新讲解各部件演变过程。
③ 学习部件读写法。
a. 学生尝试读出各部件名称。
b. 一名学生在黑板上范写，其他同学在练习本上写各个部件，教师相机指导。
④ 汉字归类。

a．学生以小组为单位，在生字表中找出包含某一部的汉字。

b．学生以小组为单位，讨论该部在每一个生字中所起的表音或表意的作用，并尝试阐释。

c．教师在学生汇报的基础上，有针对性的指导。

d．各组由一代表写出本组找出的生字。

e．学生在练习本上写出所有黑板上的生字，教师相机指导。

⑤ 作业。

任意阅读《语文读本》中的一篇文章，尝试搜集带有巳、子、氏、亻、人、母、女、老、鬼各部件的汉字。

【策略反思】

汉字部件对相关汉字具有统摄性，集中学习与"人"相关的部件便于学生观察汉字构形与表意间的联系，便于培养独立识字能力。

对于三年级的学生，学生可以基本理解和掌握教学目标，但也有部分学生由于从未接触过此类教学，有些忙乱。今后应进一步调整教学方法。

(2) 策略示例二：汉字网集中识字渗透汉字文化

【授课对象】

小学一年级学生

【课前准备】

教师课前查找本节所学生字木、村、林、树的字形演变、字形理据等汉字文化内容，并就课堂设计制作 PPT 课件。

【教学目标】

① 系统学习木、村、林、树(以上为苏教版语文一年级上册所有以"木"为部件的生字)4 个字的音形义，感受汉字文化，激发识字兴趣。

② 掌握木、村、林、树 4 个字的读音、写法、基本意义及运用。

③ 系统归纳认字，培养学生对祖国文字的情感。

【教学重难点】

掌握木、村、林、树 4 个字的读音、写法、基本意义及运用。

【教学方法】

① 情景教学法。

② 集中识字法。

【课时安排】

一课时

【教学过程】

① 设置情景，趣味引导识字。

师：今天老师给小朋友们带来一位新朋友，大家猜猜是谁呀？(课件出示大树的动画图片)

生：是树爷爷。

师：树爷爷今天可不是一个人来的，他给小朋友们带来好多朋友。树爷爷要介绍新朋友了，小朋友仔细听哦。(播放录音：小朋友好！我给大家介绍第一位朋友，他是——)

生：(看到课件出示"木"字)木。

师：(板书"木"并注音)真聪明呀！谁来领读？

一生：木 m-ù mù

师：在很久以前，"木"是这样写的"朩"，大家看，多像一棵树呀！哪位小朋友上来指一下哪里是树枝、树干、树根？

一生：(上台一一指出，说明)

师：看来"木"最早指的是树一类的植物。谁能用"木"组词呀？

生：木材、木炭、麻木。

师：大家看，这几个词中"木"可就不是指树了。"木材"、"木炭"中的"木"指木料或木料制品；"麻木"中的"木"指反应慢的，不灵活的。

(评析：由实物图到简化字到甲骨文，汉字文化渗透不露痕迹，课堂自然生动，知识点易于理解。)

② 明确写法，培养书写习惯。

师：我们认识了"木"字，还得会写，哪位同学会写？

一生：(上台示范书写，师生指出不足)

师："木"字第一笔为横，但要写得短一些。为什么呢？

生：因为横写长了不好看。

师：对啦！汉字书写有一个规律：只要下部是撇捺的字，上部的横就要缩短一些，这样才感觉平稳美观。第二笔是竖，要写到田字格的竖中线上，这样才有对称美。写时要头小腿长，收笔要稍微回锋一下，就好像露珠下落时的线条，所以这一竖也叫"垂露竖"。撇捺书写时要讲究放，撇捺的夹角要大于横的长度但不能太大。(边讲边示范写法)好了，谁上来写一个？(一生黑板示范书写，同学及教师指出优缺点)

师：现在请大家在书上描红，并在方格本上写两次。(学生专心写字，教师个别指导)

(评析：小学低段教师细致指导写法，可使学生通过书写感受汉字结构之美，丰富对汉字文化的感悟，养成良好的书写习惯)

③ 构建汉字系统，提高识字效率。

师：在这里我想问小朋友一个问题："木"最早有"树木"的含义，那么为什么还要有"树"字呢？

生：因为"木"还要表示其他含义。

师：真棒！为了使语言更为准确，人类就创造了"树"专指树木。但最早的"树"可不是这个样子。(出示甲骨文"𣚦")大家看，左上角是什么字？

生：左上角是"木"，右边是手。

师：回答得真好！那左下角是什么呢？原来是"豆"，古代一种盛物用具。那么"𣚦"便是指人带着盛水器具来栽种植物。所以，最早的"树"含义为播种、培育、种植等农事的总称。我们学校的标语"百年树人"的"树"便指培养人才。后来才逐渐指树木。下面我们来看"树"该怎么写。……

师：树爷爷还带来一位朋友(出示𣗗)，大家猜猜他是谁？

生：林。

师：好厉害！大家怎么猜出来的呢？

生：它是由两个"木"组成的。

师：对呀，两个木表示"林"，指很多树，我们一起读"树林"。(生读)那要是数也数不清的树该怎么办呢？古人又创造了一个字"森"，大家看这是什么字？

生：森，森林的森。

师：再来看最后一位朋友"村"。谁认识这个字呀？

生：村，村子的村。

师：对，那什么样的地方才能叫"村"？我们来看，(结合字形讲解)左边是树，右边是手，说明是有人在这里劳动。其实早期的"村"写作"邨"，表示人口自然聚居地。后来简化成了"村"。有一句诗"绿树村边合"，有树才会有人聚居，我们的简化字也很有道理。大家看，"村"字该怎么写呀？(师生讨论后练习，"木"教法，略)

师：谁能把这几个字读一下并组一个词？(生争读，师生纠正……)

【策略反思】

立足一年级城镇学生多数已有一定识字量的认知背景，将识字与汉字文化相结合，兼顾各个水平段学生需求，深入浅出的引导识字，系统归纳认字，培养自主识字能力。

第二节　依据教材编排顺序在识字教学中渗透汉字文化的教学体系

一、第一阶段：策略依据

鉴于目前小学识字教学现状和切实有效解决小学识字难题的考虑，将依据以下几方面提出策略：

1.依据小学教材生字编排体系

在研究中，笔者发现：我国现行的苏教版小学语文课本一年级上册识字部分主要为独体字。苏教版小学一年级上册生字表所收生字共 255 个，其中独体字共 78 个，占 31%。这一分布结果表明：在儿童识字初期，最早接触的是独体字，本阶段对独体字的学习将对今后的识字打下基础。2011 年版新课标在一二年级识字的学段目标中明确提出要"使学生喜欢学习汉字，有主动识字、写字的愿望"。因此本阶段的识字教学要注意培养学生热爱汉字的兴趣。在识字教学中进行汉字文化渗透是解决这一问题的根本方法。

2.依据教材生字部件编排特点

在 2011 年版《义务教育语文课程标准》中在小学第一阶段就提出要求学生"掌握汉字的基本笔画和常用的偏旁部首"。以苏教版一、五年级语文课本上册生字表为例，一年级上册生字表合体字部首共 66 个，五年级上册生字表合体字部首共 84 个，两表合计部首共 98 个。这些部首基本都属于汉字常用部首，对同部首汉字起到统辖作用，是学生今后学习汉字的基础。

3.依据现行教材的识字理念和教材编排字序

全国范围推广的部编本教材参考了汉字字频、字种等因素，较为科学的调整了教材编排和生字顺序。如"部编本"语文教材一年级的课文和习题等的设计就注意严格落实 300 字基本字表。这个字表是王宁教授为主的北师大科研团队研究的成果，主要是依据大量对小学生阅读的调查，从字频和字形结构的角度来确定哪些字必须先学。在一年级的教材中专门增加了常用偏旁名称表且附上了例字，建立汉字字形与字义间的关系。在课文编排中注意吸收众多识字方法的成果，如字族文识字的《小青蛙》，字源识字的《日月水火》，利用《三字经》等韵文识字的《天地人》等。以上编排方式使识字教学必须遵循汉字构字规律、关注文化，而在识字教学中进行汉字文化渗透便具有了较高的适切性。

由于部编本教材在研究阶段在山西省尚未完成全套发行，因此在实践中较多考虑了山西省晋中市普遍采用的苏教版教材的编排方式，在此说明。但本研究所提出的教学策略基本适用于部编本教材教学。

4. 依据识字教学现状

通过问卷调查和访谈，对小学识字教学现状已有较为深入的了解。这便使识字教学策略的提出能够做到有的放矢。

通过问卷和访谈可以发现：首先，小学识字教学方法多样化，但教学中渗透汉字文化的几乎没有。通过访谈发现：接受访谈的 8 名教师中有 6 名可以在识字课堂中运用五种以上的识字教学方法，但谈到在识字教学中渗透汉字文化仅有 2 名教师表示会扩展一些相关成语、诗句，无一名教师进行字形演变、汉字理据分析。在问到学生"平时老师用什么方法来教你写汉字"时，仅有 3.4% 的学生选择"用汉字的意思来教"。在小学识字课堂中普遍存在片面追求教学方法多样化，无视儿童识字兴趣的现象。面对新课标提出的"培养学生的识字兴趣"的要求，很多教师片面地认为：培养学习兴趣就应该从丰富课堂活动、教学方法多样化入手。于是在小学课堂上我们经常看到教师一会让学生读生字、一会又开始猜谜语、一会书空、一会读识字歌，甚至一节课能使用五种以上识字教学方法，学生在课堂上手忙脚乱，被动的在老师的指挥下进行识字活动。一节课下来只是对几个识字儿歌或谜语印象深刻，识字效果并不理想。

其次，学生学习汉字的兴趣不高。问卷 1、2 题主要调查了解学生学习汉字的兴趣，在"你会不会主动学习汉字"一题中一年级学生选择"会"仅占 16.5%，选择"不会"的占 83.5%；在"不主动学习汉字的原因是什么"一题中选择"汉字太难"占 53%，选择"教师教法不灵活"占 33.3%。考虑到一年级学生由于入学短对识字教学方法接触不多，而认为汉字太难的比重较大，所以认为学生之所以对识字产生如此大的畏难情绪，可能和教师的教学方法有很大关系。独体字由于其自身笔画少但笔形变化丰富、成字能力强等特点，便于进行汉字文化渗透，且在识字中渗透汉字文化也势必会提高学生学习汉字的兴趣，从而达到课标要求。

最后，很多教师具有在识字教学中渗透汉字文化的意识，但由于教师队伍知识结构薄弱，对汉字研究不够深入，汉字文化渗透显得力不从心。小学教师普遍学历为大专、本科，对文字学研究较深入的人很少，能对汉字进行合理的字形演变、字理分析等汉字文化阐释的教师凤毛麟角。即使有一些佼佼者，但在具体的教学策略的使用上又会陷入困惑。在小学识字教学中，急需行之有效的既能保证识字量，又能对汉字进行文化阐释，真正有效提高学生识字认字水平的教学方法的出现。

二、第二阶段：策略内容

合体字在汉字中占绝大多数，其中形声字约占 80% 左右。合体字中是由部件体现表音或表意作用的，因此部件就成为提取语义或语音信息时汉字识别的一个单元。[①]在对 3500 个《现代汉语常用字表》中的 2522 个形声字的形旁进行统计调查后，[②]发现现代形声字 167 个形旁的意义都相当明确，有效表意率高达 83%。由上可知，从形体结构与字意字音角度，将汉字单位从小到大切分成笔画、部件(或字素)、形旁和声旁、整字(或汉字)是可行的。汉字构形学把笔画和部件划分成范畴不同的两个概念，即汉字的书写单位——笔画，汉字的构形单位——部件，汉字构形学阐述了汉字笔画与部件的本质区别，即笔画是汉字的书写单位，它不具有表现整个汉字构意的功能；直接体现汉字构意功能的是汉字的部件。"汉字是由不同数量、不同功能的部件依不同的结构方式组合而成的。部件的数量、功能和组合方式，是每个汉字最重要的属性，汉字的信息量是由部件来体现的。就汉字的教学来说，不通过部件，就无法对汉字进行讲解；就计算机形码的编制来说，不通过部件，就无法确立码元。"[③]因此，我们把部件从现代汉字中拆分出来和汉字整字的意义结合进行独立研究是可行和必要的。

1. 分类独体字和合体字

汉字是表意文字，从汉字字形入手学习汉字是在汉字学习中渗透汉字文化的开始。汉字是由部件构成的，部件中有成字能力的部件为成字部件，无成字能力的部件为非成字部件。成字部件又分为基础成字部件和合成成字部件两类。基础成字部件又称为独体成字部件，即独体字；合成成字部件又称为合体字。汉字部件分类如下图：

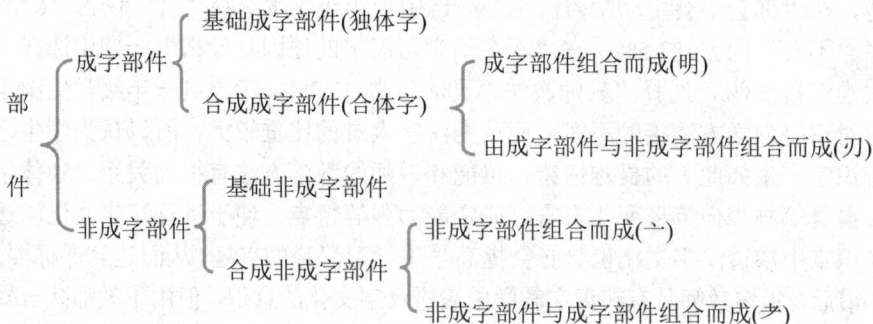

根据以上部件分类，我们可以把汉字分为独体字和合体字。

① 张积家，张厚粲，彭巧龄. 分类过程中汉字的语义提取(I)J. 心理学报，1990(4).
② 万业馨. 汉字字符分工与部件教学[J]. 语言教学与研究，1999(4).
③ 王宁. 汉字构形理据与现代汉字部件拆分［J］. 语文建设，1997(3)：4.

　　关于独体字的判定，历来专家学者争议颇多。沙宗原先生曾指出：独体字指形体构造具有独立性，依据构形理据和一定的字形分析原则一般不能拆分为两个或两个以上音意完整的字符或部件的汉字。[①]2009 年，国家教育部、国家语委联合颁布了《现代常用独体字规范》(以下简称为《独体字规范》)。在《独体字规范》中，对独体字进行了定义：独体字指由笔画构成，不能或不适宜再行拆分、可以构成合体字的汉字。本研究中的独体字范围仅指《独体字规范》所指的范围。合体字则包括两类，一种是由成字部件组合而成，一种是由成字部件和非成字部件组合而成。

　　经过研究分析，笔者总结出独体字具有如下特点：

　　(1) 独体字一般笔画较少，但笔形变化丰富。据统计，《独体字规范》中所收的 256 个独体字的平均笔画数为 4.64 画，三到五画的汉字共 171 个，占总数的66.80%。而《现代汉字通用字表》所收的 7000 个汉字的平均笔画数为 10.75 画，其中 9 画汉字为最多，10、11 画次之。通过比较不难得出，汉字中独体字的笔画较少。但独体字的笔形变化却很丰富，横、竖、撇、点、折等基本笔画自不待言，一些较为复杂的折笔，如"凸""马""女"等字的折笔也很是常见。笔形混淆是小学生在识字过程中经常出现的问题，独体字的笔形变化多势必增大小学生的识字难度。但若是能在独体字的识字教学中重视独体字笔画少、笔形变化丰富的特点，不但能规避独体字的识字难点，更能为其他汉字的学习打下基础。

　　(2) 独体字结构相对简单。汉字是讲究空间结构的文字。独体字由不能或不适宜再行拆分的笔画构成，只包括单一部件，因此结构相对简单。但简单的结构里却包含了汉字的 8 种基本笔画和 24 种复合笔画。刚刚开始学习汉字的小学生，对汉字的结构认识模糊，在汉字书写中经常出现笔画错误、笔画增减等问题，把握不好汉字结构。在独体字的学习中引入汉字形体演变等汉字文化内容，既可让学生对汉字字形印象深刻，减少错误，又可培养小学生的字感，渗透中国人方正简直的世界观，还可为今后复杂的合体字的学习打下基础。

　　(3) 独体字中象形、指事字较多。汉字为图形文字，是先民们在长期的生产生活中创造的，通过汉字可以看到我国悠久的历史文化和先民们的生产、生活、精神面貌、思维方式。汉字中象形字和指事字是使用历史最久、承载文化最多的两类。在《现代常用独体字规范》中所收入的独体字中，象形、指事字占绝大多数，了解掌握这部分字的字理及汉字文化，将对小学生深入了解汉字的形义关系，理解汉字文化，培养热爱祖国语言文字的情感，继承民族性格、传承中华文明起到积极的推动作用。

　　较多独体字可组成合体字。独体字有着强大的成字功能。独体字由笔画组成，

[①] 沙宗元. 文字学术语规范研究[M]. 合肥：安徽大学出版社，2008：189-190.

一个或多个无意义的笔画构成有意义的独体字，独体字又作为部件充当合体字的某一部件。如"臣"和"卜"都是独体字，又可分别充当部件组成合体字"卧"。在现代汉字中，合体字占到90%左右，且大多合体字是由独体字充当部件组成的。因此，学习独体字可以帮助我们更好地学习掌握合体字。

依据2009年颁布的《独体字规范表》，笔者对苏教版小学一、五年级语文课本上册生字表中所收生字进行了独体字和合体字的分类，结果如下：

苏教版小学一年级上册生字表独体字分布

识字

1 一 二 三 四 五 六 七 八 九 十

2 太 小 鸟 下 牙 上

3 水 火 山 木 马

4 虫 田 天 牛

5 贝

6 乐 车

课文

1 人 个 手 大 工 用 又 才 两

2 升 我 们 中 立 正

3 西

4 飞 来 么

5 白 儿 土 子

6 东 方 广 电 头 了

7 心 生 片

8 开 不 也

9 里 月

10 见 丰 丹

11 出 面 气 口 毛

12 日 长 书

13 干 与

苏教版小学五年级上册生字表独体字分布

8 矛

10 丸

11 页

苏教版小学一年级上册生字表所收生字共255个，其中独体字共78个，占31%。五年级上册生字表中独体字共3个，约占2%。这一分布结果表明：在儿童识字初期独体字是汉字中的基本字，掌握本阶段的独体字将为今后的识字打下基础。

2．依据"四书"理论，对独体字进一步分类

东汉许慎在《说文解字》中从字的构形入手将汉字分为象形、指示、会意、形声四类，合称"四书"。四种分类指出了汉字四种不同的构形方式。在独体字中，只涉及前三种。依据"四书"，笔者将两册书中共 81 个独体字进一步分类。具体分类如下：

象形字：

六　八　九　鸟　牙　水　火　山　木　马　人　个　手　大　工　用　又
两　我　鱼　西　来　么　白　土　子　方　了　心　不　也　田　牛　乐　月
出　气　口　毛　日　与　矛　丸

指事字：

一　二　三　四　七　十　太　小　下　上　中　正　天　面

会意字：

五　升　立　电　生　北

由于汉字在隶变和简化的过程中很多汉字的字形发生了很大变化，按照字形演变规律进行识字教学已经比较困难，所以笔者将这一部分汉字单独列出。

字形演变中字形变化较大的字

象形：才　飞　儿　广　虫　贝　车　干

指示：东

会意：头　开　里　见　丰　长　书　页

3．字字落实独体字中的汉字文化

在研究中发现：我国小学现行的多数小学语文教材在识字内容编排时对字种的选取上缺少连续性，但在小学一年级第一学段中独体字占据了较大分量。而小学第一学段是小学生识字的开始，这一阶段的识字水平将直接影响今后的识字水平。

(1) 字形理据。本阶段对独体字的汉字文化落实过程与构建汉字网在识字教学中渗透汉字文化的具体策略中对汉字进行字形理据分析的方法相类，在此将不再赘述。

(2) 字义。在明确字形理据的基础上，依据中国社会科学院语言研究所编纂的《现代汉语大词典》对汉字字义的阐释，还有中国汉语大词典编辑委员会、汉语大词典编纂处编纂罗竹风任主编的《汉语大词典》中对汉字字义的阐释，结合方述鑫等编著的《甲骨金文字典》，崔增亮、张秀华、张国龙主编的《字源识字教学手册》等字典关于字义的观点看法，选择较为权威、简单易懂、使用频率较高的汉字字义来对汉字进行阐释。

在确定具体字字义时，首先根据字形理据分析，确定具体字的本义。如本义在现代汉语中不再使用，则注明“本义已消亡”字样。本义之外的引申义、假借义等字义选择在现代汉语中经常使用的，如极少使用，一般不再选入。其次，对具体字的不同义项用序号①②③④排列。只有一个义项则不使用序号。第三，在每个义项之后，一般举有例词。如本义在现代汉语中不再或不常使用，则不举例词。最后，多音字一般在义项后标有该项读音。

(3) 诗句。在汉字所涉诗句的选择上，结合小学生的认知水平，基本以横塘退士所编选的《唐诗三百首》和钱理群、环宇宏基编选的《小学生必背古诗词》为范围进行编选。目的是使学生由字及句，提高使用汉字的能力和文学修养。诗句排列时标明朝代、作者及出处。

(4) 文化链接。在文化链接中一般选取与具体字相关的故事、典故、传说等。在典故、成语故事等文化内容的选择上主要参考黄亢美先生主编的《小学语文字理教学手册》和崔增亮、张秀华、张国龙主编的《字源识字教学手册》中针对某字所链接的典故、成语故事。黄亢美先生为全国字理教学研究中心理事长，对汉字理据在小学识字教学中的渗透运用有着较深入的研究，所编纂的《小学语文字理教学手册》在全国的小学教师中广为流传。首都师范大学初教院教授崔增亮先生等编纂的《字源识字教学手册》是该校在2007年开始与北京市天竺中心小学携手进行小学识字教学探索的过程中总结编纂的，因此本书所选内容较为贴近小学识字课堂，有较强的实践价值。通过文化链接，由字及文，一方面显化汉字的表意功能，一方面丰富该书的文化内涵，增强识字教学的趣味性。

以下为“牛”字的汉字文化解析：

牛

甲骨文　　金文　　篆书　　隶书　　楷书

甲骨文字形像一个正面的牛头的形象。字形上部的竖折为一对弯曲的牛角，中间一竖为牛的面部至鼻子的部位，下部如箭头的笔画为牛的鼻子。金文将下部的箭头笔形变为一个弯曲的弧形。篆书在金文的基础上将弧形变为一横。隶书将上部弯曲的牛角变为，楷书承续隶书字形。

文化扩展：

在中国古代文化里，不同的牛有着不同的指称。公牛称为“牡”，母牛称为“牝”，专用于祭祀的小公牛称为“特”。

字义：

①本义，名词：头部　　②形容词：强壮有力的，

长角、体型粗壮的力畜。　**词性引申**　　执拗或倔犟的。

(牛鼻　牛鞭)　　　　(牛劲　牛市)

诗句：

风吹草低见牛羊。

——《乐府诗集·敕勒歌》

系向牛头充炭直。

——唐·白居易《卖炭翁》

链接：

割鸡焉用牛刀

这一成语出自《论语·阳货》。

孔子有一名叫子游的学生，在鲁国的武城做官。做官期间，他在武城大力推行礼乐，取得了较好的效果。一天，孔子和自己的几个学生来到武城，子游便陪孔子在武城参观游览。走了一会儿，孔子便发现武城到处都能听到悦耳的音乐。孔子有些不屑地问子游："杀鸡怎么还需要用牛刀啊？"意思是："你治理一个小城，哪里用得着这样大张旗鼓地学习礼乐啊？"子游听了，轻声答道："我记得以前您曾说过：'一个人要成为君子就要通过学习礼乐来使自己有修养，有宽厚爱人之心；平民百姓如果学习礼乐，就会自觉地遵纪守法，具有更高的做事能力。'"孔子听了子游的话点头说："同学们都听到了吧？子游这些认识是正确的，大家要记住。我刚才是跟大家说笑呢，不要当真。"

此后"割鸡焉用牛刀"便用来比喻做小的事情用不着花很大的力气。

4. 汉字文化，字字落实

在汉字文化解析中，为保证对汉字的字形理据、字义演变等汉字文化内容解析的正确性，参照《说文解字》《汉字蒙求》《甲骨金文字典》等较权威的字典的观点看法，同时结合针对小学识字的字典，如黄亢美先生主编《小学语文字理教学手册》、崔增亮先生等主编的《字源识字教学手册》对具体字的汉字文化进行解析。在某些存在争议的观点上利用知网数据库、图书馆文献等资源查阅大量文献进行甄别，选取较权威、较被学术界广泛认可的观点进行汉字文化阐释。结合小学教师的理解能力和小学生的认知水平，深入浅出地对两册书所涉独体字进行字字落实，以方便实践教师借鉴应用。

5. 教学方法，综合使用

在文献综述部分着重介绍了多种识字教学方法，在此不再赘述。必须指出的是：每种识字方法的存在都有其存在的合理性。要提出较为合理有效的新的识字方法，必须重视并大胆吸收其他识字方法的优点，规避这些识字方法中被实践证明的缺点。本策略的提出是在吸收众多识字法的优势，如集中识字法和分散识字法合理使用，避其缺陷；吸收字理识字法进行汉字析解，规避曲高和寡；吸收部首识字法进行字形分类，规避过度依赖；综合字族文识字法、联想识字法等特点，增强可操作性。只有在综合各类识字教学法优势的基础上，才有可能保证新的策略的合理性与可行性。

6. 实践教师，践前培训

在深入小学的过程中，笔者发现：在识字教学实践中对进行实践的小学教师仅仅提供对生字的分类信息和字字落实后的汉字文化信息是远远不够的。小学教师由于客观方面的时间所限和主观方面个体研究和理解能力的差别，在充分占有识字教学渗透汉字文化的资料的情况下，并不能很好地加以运用。尤其是对字形演变、字理分析的内容并不能很好掌握。为此，在教师实践之前，笔者对小学教师进行了实践前培训，具体可分为以下几类：

(1) 识字方法介绍。在实践前，笔者搜集了我国识字教学中的几种主要的识字教学方法以及在本策略中综合运用的几种识字方法的资料发给每个实践教师。在教师自己阅读学习的基础上，笔者对每种方法的优缺点进行了详细说明，以求实践教师在实践中加以自觉规避。在此基础上还收集了运用以上几种识字教学方法的视频供实践教师观看评析。

(2) 字形理据培训。实践前，笔者对苏教版一、五年级上册所收独体字的字形理据对参加实践教师进行了详细解析，并将所整理的有关独体字的汉字文化材料(包括字形理据)预先发放给实践教师，使教师在实践中有据可查。

7. 策略应用，调试丰富

实践是检验真理的唯一标准。本研究所提出的策略是经过小学实际课堂检验的，有一定的应用价值。但由于实践范围不广，普遍性不强。在实践中要注意因地制宜、不断调试，丰富策略内容，使策略更具普遍意义。

三、第三阶段：课堂实践

1. 教学示例一：独体字集中识字渗透汉字文化

【授课对象】

一年级学生

【课前准备】

教师课前查找本节所学独体字太、小、鸟、下、牙、上、水、火、山、木、马的字形演变、字形理据等汉字文化内容，并就课堂设计制作 PPT 课件。

学生预习生字，读准读音。

【教学目标】

(1) 讲解苏教版一年级上册识字二、三中所收独体字的基本音、形、义，了解该字的汉字文化。

(2) 解决识字二、三中所收独体字的读写问题，引导学生掌握识字规律。

(3) 培养学生汉字理据性思维意识和热爱祖国语言文字的情感。

【教学重难点】

解决识字二、三中所收独体字的音、形、义问题，引导学生掌握识字规律。

【教学方法】

(1) 合作探究法。

(2) 集中识字法。

【课时安排】

一课时

【教学过程】

(1) 游戏导入，激发兴趣。

设计字宝宝找妈妈的游戏，出示简化字和古体字的不同字形，将顺序打乱并重新编排序号。

太	小	鸟	下	牙	上	水	火	山	木	马
1	2	3	4	5	6	7	8	9	10	11

一　　　　二　　　　三　　　　四　　　　五　　　　六

七　　　　八　　　　九　　　　十　　　　十一

(2) 明确各字读音。

① 一生读。

② 师生纠正错误。

③ 教师领读。

(3) 明确各字形义，渗透汉字文化。

① 利用为字宝宝找妈妈游戏，教师引导学生发挥主动性将两种字形结合起来。

② 学生每将一组字形连接正确，教师即出示答案并对学生予以鼓励。

③ 教师讲解每一组汉字字形演变过程，并进行字理分析，部分汉字引入成语、典故、诗句等汉字文化内容。

④ 讲解汉字的简化字字形笔画结构，学生及时进行字形描红。

(4) 字形练习。

① 学生照书在方格本上写生字。

② 教师强调易错处。

③ 师生书空每个字。

(5) 作业。

① 把本节所学十一个字加拼音、部首、组词在生字本上写一次。

② 用本节所学十一个字中的至少三个编一段话，看谁说得好，用的字多。

【策略反思】

独体字中很多字有很强的构字能力，是学习合体字的基础。因此独体字的教学关乎学生后续学习汉字的能力。本研究在之前分类的基础上，尊重课文的编排顺序，利用小学生对新事物的好奇心，以游戏的形式引入汉字的早期字形，先入为主的克服学生的畏难心理，使学生易于接受之前并未接触过的古文字字形。在讲解字形时先从字形演变入手，在了解字形基础上进行字形理据分析，之后引入相关典故、成语、诗句等汉字文化内容，在落实识字任务的同时拓展了学生的知识广度，培养了学生汉字文化认同感。

在今后的实践中还要注意以下两点：①注重汉字文化挖掘的合理性。本研究所圈定的汉字文化范围并不一定要在每一个汉字的讲解中一一落实。要认识到小学课堂要充分重视小学生自主学习的能力，但也要充分认识小学生的心智发展水平。切忌拔苗助长，亦勿小觑潜能。②重视课堂的生成。课堂的生成是教师职业能力的最好体现，一切教学环节都应服务于这一中心。在本策略中，课堂生成的过程对学生的学习主动性的关注依然不很理想，今后仍应努力。

2. 教学示例二：独体字随文识字渗透汉字文化

【授课对象】

一年级学生

【课前准备】

(1) 由于本课是《江南》第二课时，文中所涉识字任务已在第一课时完成。因此，教师课前需查找独体字"田"的字形演变、字形理据等汉字文化内容，并就课堂设计制作 PPT 课件。

　(2) 学生预习课文，读准读音。

【教学目标】

　(1) 通过对文中重点词"田田"的解析理解课文主旨。

　(2) 揣摩作者情感，并能有感情地朗读、背诵课文。

　(3) 通过课文想象采莲的情景，培养对文字的感知力。

【教学重难点】

　通过对文中关键字的解析理解课文主旨，并能正确、有感情地朗读、背诵课文。

【教学方法】

　(1) 合作探究法。

　(2) 随文析字法。

【课时安排】

　《江南》共二课时，本示例为第二课时。

【教学过程】

　第二课时

　(1) 看图导入。

　① 用多媒体展示江南采莲图，要求学生尽力用美的语言描绘。

　② 教师总结描绘，导入课文。

　(2) 朗读课文。

　① 学生自由朗读课文三分钟。

　② 全班齐读课文。

　(3) 感知文章主旨。

　① 随文对独体字"田"进行汉字文化解析。

　② 紧抓文中重点词"田田"进行文章主旨阐释。

　通过"田田"感受身为北方人或久居北方的南方人在看到或回想起江南采莲美景时内心难以抑制的喜悦之情。

　(4) 作业。

　请同学们背诵整首民歌。

【策略反思】

这首诗语言生动活泼、通俗易懂，适合学生阅读。但多数教师认为简单通俗便对文章的主旨不加讲解，只是要求学生背诵。这样就错过了培养学生对汉字的感知力，提高阅读能力和情感体验能力的机会。

本策略紧紧抓住“田田”这一关键词，在对独体字“田”进行汉字文化解析的基础上，引导学生对课文主旨理解生发，达到理解文章主旨、丰富学生情感体验的作用。

3．教学示例三：独体字中象形字、指事字教学渗透汉字文化

【授课对象】

小学一年级学生

【课前准备】

教师课前准备“马”的简笔画图形卡片(此图与甲骨文“马”字较为相似)，做好多媒体课件。

【教学目标】

(1) 学习“马”字，使学生会读写、会运用，培养识字兴趣。

(2) 培养学生汉字理据性思维意识和热爱祖国语言文字的情感。

【教学重难点】

学习“马”字，使学生会读写、会运用

【教学方法】

讲授法

【课时安排】

10 分钟

【教学过程】

(1) 黑板上边读边写出“马”字及拼音，明确学习内容。

(2) 黑板上出示“马”的简笔画图形卡片(此图与甲骨文“马”字较为相似)，明确所教字的读音，使学生在图文间建立联系。

(3) 黑板上出示“马”字的甲骨文字形，并视课堂节奏酌情出示(不必全部出示，完全按课堂需要组织运用)金文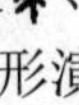、篆书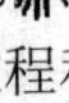、隶书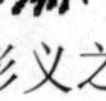、草书、楷书繁体馬及简体马写法，使学生理解“马”字形演变过程和音形义之间的关系。

(4) 学生黑板上练习“马”字读写方法，教师指导。学生描红。

(5) 利用多媒体讲述"马虎"的典故，培养认真做事的态度。

(6) 教师鼓励学生找出本册书生字表中所有以"马"为部件的其他生字，如驭、驰、驯、驮等，并让学生尝试拼读，但不要求掌握，增加这些字的学前印象，降低今后的学习难度。

【策略反思】

许慎云："象形者，画成其物，随体诘诎，'日''月'是也。"多数象形字属于独体字，有着较强的构字功能，往往充当其他字的部件。"指事者，视而可识，察而可见，'上''下'是也。"指事字是在其他字(很多为象形字)的基础上加上指示符号构成的。这两类字的字形最与实物接近，是典型的图形文字，也是最早创造并承载历史最多的字。因此，在讲解中应突出字形与实物的联系，使课堂知识回归生活，感受汉字文化魅力。

第三节　合体字渗透汉字文化的教学策略研究

一、第一阶段：策略依据

1. 依据课标及教材

在 2011 年版《义务教育语文课程标准》中在小学第一阶段就提出要求学生"掌握汉字的基本笔画和常用的偏旁部首"[①]。以苏教版一、五年级语文课本上册生字表为例，一年级上册生字表合体字部首共 66 个，五年级上册生字表合体字部首共 84 个，两表合计部首共 98 个。这些部首基本都属于汉字常用部首，对同部首汉字起到统辖作用，是学生今后学习汉字的基础。

2. 依据识字教学现状

通过调查问卷和访谈了解到小学识字教学的现状包括如下几方面：

首先，小学识字教学课堂中有很多识字方法被广泛使用，其中笔画教学法部首教学法是教师经常使用的。通过访谈发现，教师普遍认为这两种方法简单易行且容易达到课标要求的识字量。

其次，学生识字效果有待提高。通过调查问卷发现，学生汉字掌握情况并不理想，尤其是形近字、同音字混淆现象严重。在对学生进行的同音字、形近字掌握情况测试中，一年级学生的满分率为 33%，六年级则下降为 25.2%。并且各年级都不同程度存在不及格现象。

[①] 中华人民共和国教育部. 义务教育语文课程标准[M]. 北京：北京师范大学出版社，2011：6.

表 5-1 学生同音字、形近字掌握情况表

	一年级	二年级	三年级	四年级	五年级	六年级
	学生同音字、形近字掌握情况					
60分(满分)	35	31	32	29	30	28
	33%	29.2%	29.1%	27.1%	27.5%	25.2%
50—59分	48	43	45	43	46	45
	45.3%	40.6%	40.9%	40.2%	42.2%	40.5%
40—49分	21	19	22	27	26	29
	19.8%	18%	20%	25.2%	23.8%	26.1%
30—39分	2	11	10	7	5	8
	1.9%	10.4%	9.1%	6.5%	4.6%	7.2%
30分以下	0	3	1	1	2	1
	0%	2.8%	0.9%	0.9%	1.8%	0.9%

最后，小学教师汉字文化基础薄弱。在访谈中发现，很多教师有渗透汉字文化的意识，但对于部首分类及所蕴含的汉字文化并不能很好把握。因此，如果要使本策略更好的应用，必须重视对小学教师的培训。

综上小学识字教学现状，将为策略的提出提供现实依据。

二、第二阶段：策略内容

1. 依据部首，分类合体字

汉字部首的定义是相对于汉字部件而言的。部首是具有字形归类作用的部件，是字书(包括部分词典)中各部的首字，专为汉字分类检索而设立。由于汉字字形的演变和字义的发展，汉字部首的范围不断发生变化。本研究中的汉字部首以2009年1月由教育部、国家语言文字工作委员会共同发布的《汉字部首表》中201个主部首与100个附形部首为标准。

汉字部首特点具有如下几方面的特点：

(1) 汉字部首对合体字的统辖性。汉字中绝大部分为合体字，汉字部首可以统辖汉字中的几乎所有合体字。"部首可以揭示部辖字的类别和范畴……汉字体系就像一棵参天大树，那么几百个部首就是树的分支，成千上万的汉字就是一片片绿叶"[①]。部首作为合体字的组成字符，对全部合体字起到了统辖作用。

(2) 汉字部首的表意性。汉字是表意体系的文字，汉字部首具有一定的表意功能，通过部首了解字义，建立汉字字义类属，从而推知出其所携带的汉字文化

---

① 刘庆俄. 字形义通释[M]. 北京：首都师范大学出版社，2008：2.

知识是一个简便而且切实可行的方法。利用部首，可以建立起汉字表意性的知识系统，研究分析部首，揭示部首所蕴含的汉字文化，对小学生建立汉字形义关系、建立大多数汉字的意义类属，推知汉字所携带的汉字文化起到积极作用。

依据 2009 年 1 月由教育部、国家语言文字工作委员会共同发布的《汉字部首表》和《现代汉语字典》，对苏教版小学一、五年级语文课本上册生字表中所收合体字进行了部首分类。具体分类如下：

苏教版小学一年级上册生字表合体字部首分布

1 人：会　全　从　以

2 亻：们　何　你　像　信　他　住

3 女：好　姑　娘　妈　她　嫩

4 身：躲

5 儿：先

6 父：爸

7 大：奇

8 厶：能

9 扌：摘　抱

10 又：双　友　对

11 攵：敬　放

12 足：踩

13 彳：很　得

14 走：起

15 辶：造　道　这　进　边　送　逼　遭　逊　迁　逸　逝

16 页：颗　颜

17 白：的

18 目：睡　看

19 见：觉

20 囗：园　国

21 口：可　叶　听　知　台　向　名

22 讠：试　许　话　说　谢

23 欠：歌

24 心：您　感

25 忄：惊　怀

26 夂：冬

27 马：验

28 虫：蚂 蚁

29 羊：着

30 隹：雕

31 木：枝 林 柔 树 样 采

32 艹：花 荡 莲 蓝 菊 草

33 禾：种 秋 和

34 刂：创 到 色

35 舟：艘

36 车：轿

37 戈：戏

38 方：旗

39 纟：绿 红

40 糸：紫 素 紧

41 穴：穿

42 广：座 床

43 厂：厅 厦

44 冖：写

45 宀：宝 家 它 字

46 门：间 问 闹

47 里：野

48 月：脑 朋 背 有 青

49 日：明 晚 时 昆 是

50 雨：霞 雪

51 土：塔 地 塑 在 去

52 山：岸

53 钅：钟

54 王：珠

55 小：尚

56 阝：阳 阴 那 都

57 氵：洞 江 没 派 泥 沙 浪 渔 滩 港 湾 海 河 流 泉

58 火：烟 桥 村 集 桐

59 灬：点

60 礻：礼 祖

61 二：云

62 八：分

63 十：南 古

64 士：壳 声

65 亠：亭 就 裹 离 交 夜

66 丨：北

苏教版小学五年级上册生字表合体字部首分布

1 人：介 企 仑

2 亻：伺 僧 伊 仁 俱 伦

3 女：姥 奸 妻 婴 媒 媚 妥

4 身：躯 躲

5 尸：属

6 母：毒

7 儿：兜 党

8 子：孕

9 疒：痴

10 扌：捅 挂 振 搜 掺 撼 携 抑 撩 挟 揭 拴 抄 挣 撰
押 掂 抢 攒 捺

11 又：叠

12 攵：敞 敦

13 寸：尊

14 足：距 趴 跌

15 彳：德 徽

16 页：颜 颁 嚣

17 目：睬 盾 鼎

18 口：叨 唬 喉 咙 呜 咽 吁 哗 嘶 唯 否

19 言：誉

20 讠：诲 诈 谎 讽 诞 诺 谊

21 音：韵

22 欠：歇

23 心：恕 恋

24 忄：恍 恢 慌 懈 悦 恒

25 革：鞭

26 力：励 勉

27 韦：韧 韩

149

28 攴：敲

29 马：骑 驴 骗 骂

30 虫：蝉 蠕

31 牛：牵

32 羊：羞

33 犭：狸

34 虍：虚

35 豸：貌

36 木：杖 栖 棕 椭 柿 椒 械 权 棒 枷 檐 椭 楚

37 竹：策 筒 簇 筝 簸

38 艹：芬 莱 蕉 藤 莽 蒙 葡 萄 艾 著 薄 莹 暮

39 禾：秦

40 米：籽 粪

41 饣：馋 馁 饮

42 皿：盛 孟

43 斗：斟

44 酉：醒 酌 酸 醉 配

45 艮：既

46 刂：判 刹 劈

47 舟：舷

48 车：辆 轩 轰

49 耒：耘

50 业：凿

51 戈：戳 戒 载

52 弓：弦

53 辛：辨

54 殳：殿

55 巾：帝

56 衣：表 裳

57 纟：纸 纺 绍 纱 缝 绣 纲

58 糸：紫

59 穴：窥

60 广：庞 魔 腐 摩 磨

61 冖：冕

62 宀：察　寂　宏　寝

63 门：闯

64 匚：匣

65 月：腹　肚　服　腮　膛　腌

66 曰：昏　昆　曾　曼　暴　暂　冒　匙

67 雨：震

68 土：堡　垒　垃　圾　壁　垠　垫　坎　坷　疆

69 山：崭　崎　岖

70 钅：锻　锦　钝　锐　铜　钥　锁　锤　锭　镶

71 贝：贾　贪　贯　贩

72 王：瑰　瑞　琢　琴

73 石：碍　磅　礴　砸　碳

74 小：尚　肖

75 阝：限　隙　隔　隧　耽

76 冫：凛

77 氵：滋　溢　溪　涯　港　澳　瀚　潭　浙　溜　沧

78 火：炊　炼　炸　煌

79 卜：卧

80 歹：残

81 一：囊　昼

82 十：协　博

通过统计发现，苏教版小学一年级上册生字表合体字部首共 66 个，五年级上册生字表合体字部首共 84 个，两表合计部首共 98 个。很多部首本身为独体字或独体字的变形。为便于研究、教学实践，笔者根据《基础汉字形义释源》《字理——汉字部件通解》从汉字部首的表意作用入手，对以上 93 个部首(由于冖、彐两个部首的形体演变已对所辖字不能起到表意的领属作用，在此归类意义不大，已予剔除)。按照表意类型进行了归类整理，结果如下：

以人体、人的活动为内容的部首
{
人体姿态：人(亻) 女 身 尸 儿 父 母 子 大 疒 厶 士 比
手的姿态：扌 又 寸
足的姿态：足 彳 走 辶
头部：页 白 目 见
口部：口 言(讠) 音 欠
心部：心(忄)
与人的活动有关的词：革 力 韦 夂 支(攵)
}

151

以动植物
为内容的
部首
- 动物：马 虫 牛 羊 隹 虍 豸 犭
- 草木：木 ⺮ 艹
- 粮食：禾 米 饣

以人造物
为内容的
部首
- 食具、容器：皿 斗 酉 艮
- 工具：刀(刂) 舟 车 耒 业 丨
- 兵器：戈 弓 辛 殳
- 纺织：方 巾 衣 纟(糸)
- 居住、劳动场所：穴 广 厂 门 里 宀 冖 匚

以自然、鬼
神为内容的
部首
- 天体、气象：月 日 雨
- 地形、地貌、矿产：土 山 金(钅) 贝 王(玉) 石 小 阝
- 水及不定形物：水(氵、氺) 火(灬)
- 占卜、祭祀：卜 歹 礻

数字与汉字：一 二 八 十

2. 落实所涉部首的字形理据

合体字中的很多部首有独立成字能力，本身具有字形理据。在某一部首所统辖下的汉字往往共同携带着某一相同或相似的汉字文化信息。深层认识每个部首的字形理据、字形演变将有助于理解整部所辖汉字的字形理据等汉字文化内容，是解决识字问题的一条捷径。

依据《说文解字》，结合相关汉字学观点与小学教师的理解能力和小学生的认知水平，对苏教版小学语文课本生字表所涉生字及部件进行相关汉字文化阐释。尽可能选取较权威、较被学术界广泛认可的汉字观点进行具体阐释。以"有"字的字形理据落实过程为例：

许慎《说文解字》对"有"的字形理据分析为："有，不宜有也。《春秋傳》曰：'日月有食之。'从月，又聲。"对此，钱大昕曾评论："汉儒说《春秋》，以为有者不宜有也"，并进一步解释道，"日有食之，月食之也。不言月食而言食之者，扶阳抑阴之义，亦见其不宜有也(此说合张衡"月食地影"之意)。"章炳麟则明确批判了许说，"说《春秋》虽可尔，说字则不可通"。清王筠在所著《说文释例》中指出"有字从又从肉会意"，将"月"理解为"肉"。《广雅·释诂》："有，取也。"认为以手取肉为"有"。今人有通过对甲骨文中"月"(☽、☽)"肉"(☽、☽)写法的对比，得出许慎未细辨二者差别，而误以从肉为从月，致有此误。此说法虽有细节有待商榷，但许说难使人信服可见一斑。综上，在本研究中认为"有"的字形理据为：用手抓持肉。

本阶段对合体字生字及部件的汉字文化落实过程与构建汉字网在识字教学中渗透汉字文化的具体策略中对汉字进行字形理据分析的方法相类，在此将不再赘述。

3．综合运用多种识字方法，取其所长

我国的小学识字教学尤其是进入课改后，在研究者的不断努力下出现了很多识字教学方法。这些识字方法大多历经实际教学的检验，有很高的借鉴意义。本识字策略正是在大胆吸收很多识字方法的优点，规避其被实践证明的缺点的基础上提出的。具体如下：

(1) 集中识字和分散识字相结合，因地制宜。集中识字和分散识字是汉字识字教学中最常见的方法，也是基本涵盖所有汉字识字法的根本方法。在识字教学中一直存在"集中识字、分散识字哪种方法更好"的争论，笔者认为不论集中识字还是分散识字都有其不容忽视的优势，应该分析具体情况，进行合理利用。

在对两册书中独体字与合体字分类、利用"四书"对独体字分类的基础上，采用集中识字既可以较有效地提高识字效率，也便于在识字中进行汉字文化渗透。但对于一些字形变化较大的独体字、所选课文中的关键字则应采用分散识字的方法进行随文析字。具体原因包括三方面：

首先，落实课标要求。在2011年版新课标中要求学生"有较为丰富的积累和良好的语感，注重情感体验，发展感受和理解的能力"。我国现行多数语文课本的编排形式采用识字与课文交叉排列的形式。教师在授课中一般会采用结合课文内容进行识字的随文识字方法。因此，如果一味采用汉字网络进行集中识字势必造成一些字的识字重复或分析不到位，浪费课堂有效时间。为更好的解决小学识字难题，便要适应这种课本编排形式，在阅读课文中进行识字。

2011年版的《义务教育语文课程标准》的基本理念提出要"全面提高学生的语文素养"。这便要求我们在语文教学中识字和阅读两方面不能有所偏废。结合小学课本编排形式我们发现，在小学低段采用识字与课文交叉排列的形式，在小学高段则基本全部为课文。因此识字与阅读的结合将是势在必行。

其次，识字教学现状要求。在小学低段语文教学中，识字与阅读处于同等重要的地位。但很多时候两者是平行线，极少交叉。在阅读中识字，将汉字文化与课文内容结合更极少出现。在小学识字教学尤其是高段的识字教学中，普遍采用随课文解析完成识字内容的方法。教师一般在上课前让学生预习生字词，在课文讲解中就涉及的具体字的笔画、读音、字义做简单讲解，完成识字内容。在课堂教学中阅读被列为重点，很少将某些字的汉字文化与课文内容相结合。在教学中识字与阅读基本为并行的两条线，各行其道，互不联系。如以下五年级课堂识字教学实录片段：

师：课文第五段中的生字大家在课下都用红笔勾出来了吧？现在我们来读一下。lǎo-姥-姥姥……(师生依次念各字拼音、生字、组词)

现在我们来看字的写法:"姥"字左边是女,右边是"老",写时注意左紧右松,"女"字写得小一些,上下都不要超过左边的"老";上部的一横右边写短,不超过撇。

(边讲解边在黑板上示范书写)

"炊"字写法与"姥"字类似。哪位同学能帮忙分析一下结构?

生:"炊"左小右大,左紧右松,"火"上下不超过"欠"。"火"右边的捺写为点。

师:这位同学说得非常好。现在大家来在书上对这两个字进行描红。(生描红)

……

通过以上实录我们发现:虽然识字是在课文阅读讲解的过程中完成的,但生字的学习与对课文的理解相互没有联系也不相互促进,更谈不上激发学生兴趣。进行随文析字有着以下优势:第一,课文分析的同时随文识字,使课堂时间得到有效利用。我国现行的小学语文课本,在小学低段大都分为识字和阅读两大部分。进入中高段,阅读部分逐渐增多,甚至全部为阅读。在小学语文课堂中,识字部分大都会选择集中识字法进行识字教学,采用利用分散识字渗透汉字文化的方法在阅读课文的同时解析汉字,可以在一定程度上弥补前一方法的不足。第二,随文识字渗透汉字文化提升学生对课文理解的深度和广度。分散识字所选的字来自课文,在教学过程中首先需要从汉字在课文中所表的字义入手,对汉字进行字义理解,进而进行字形理据的分析,相关成语、典故、诗句等汉字文化的渗透。整个识字过程不但加深了学生对汉字在文中具体字义的理解,所渗透的汉字文化还使学生对课文蕴含有更深层次的生发,从而使学生对课文的理解更为深广。如在苏教版小学一年级上册中所选的《江南》中"莲叶何田田"中的"田"便是对课文理解起到关键作用的字。如果不能准确理解"田"字,这首一再进行鱼戏莲叶排比的名作就会有打油诗之嫌。"田"字的甲骨文写法是这样的田,有时也会写成这样田,表示阡陌纵横、一眼望不到边的农耕之地。江南是水乡,适宜农耕的地方很有限,但莲藕却广为种植,所谓"接天莲叶无穷碧"的盛景是完全可以与北方阡陌相连、广袤无垠的耕地相媲美的,而莲叶相接处的缝隙形成的曲线便好似北方田地中崎岖的田垄。一个"田"字已足可表示北方阡陌相连的耕地,作者形容莲叶却用"田田",可以想象,莲叶生长得又是何其多而茂盛!北方的田地即使广袤肥沃,田垄也只是起到分割土地的作用,而南方的莲叶间的缝隙里却有小鱼游动,生机顿显。"田"字为小鱼的出场提供了如田垄般的莲叶间隙,在对比中便不难理解作者连用五句"鱼戏莲叶"来表现内心的喜悦的行为了。

最后,字形要求。由于现行汉字的字形是经过漫长历史时间演变而来的,有些字形的变化较大，现在的字义和字形已经失去联系，如果武断的只采用集中或分散识字不利于学生理解，从而影响教学效果，因此必须两种识字方法相结合，因地制宜的去采用合适的识字方法。

（2）吸收字理析字，规避曲高和寡。汉字部件有很多就是独体字，独体字由于其自身结构简单、成字能力强等特点是小学生识字的基础。独体字又主要分布在一二年级，因此在小学低段的汉字部件教学和独体字的教学应该紧密联系起来，相互补充，互为基础。由于汉字部件和独体字强大的成字能力，是识记其他汉字的基础，因此汉字部件和独体字的教学应做到各个字形理据的个个落实。但在小学识字教学中由于小学教师在知识结构上的局限性，字理分析时容易出现错误。有的教师则生搬硬套，整堂课大谈字形演变，忽视学生理解力。为规避这些缺点，笔者对两册书中的独体字的字形理据、字义演变等汉字文化内容利用《说文解字》《甲骨金文字典》等较权威的字典的观点看法，在某些存在争议的观点上利用知网数据库、图书馆文献等资源查阅大量文献进行甄别，选取较权威、较被学术界广泛认可的观点进行汉字文化阐释。结合小学教师的理解能力和小学生的认知水平，对两册书所涉独体字进行了汉字文化字字落实，并以资料的形式发放给各位教师，以方便实践教师借鉴应用。

在具体教学中要求实践教师从小学生实际认知水平出发，把握适度原则，在解决小学生识字难题的根本任务指导下有选择地进行汉字文化渗透。以下为"马"字的字形理据分析及教学示例：

"马"字是苏教版小学一年级课本识字三中的一个生字。经搜集汉字文化资料总结出"马"字字形演变过程：

| 甲骨文 | 金文 | 篆书 | 隶书 | 正体楷书 | 草书 | 俗体楷书 |

经分析可得出以下"马"字的字形理据：甲骨文字形是一只马的侧面图：大眼、长鬃、长尾、身形矫健。金文字形简化眼部线条，将眼部线条与长鬃连在一起，更富立体感的强调四蹄的动感形象。篆书、隶书基本承续金文字形。正体楷书将四蹄形象简化为四点底。俗体楷书吸收草书写法，将四点底改为一横。

面对一年级的学生，在具体教学中进行字理分析必须深入浅出，遵循学生认知能力的发展规律。"马"字教学片段如下：

师：同学们，大家能帮助字宝宝找到妈妈吗？告诉大家一个秘密：字宝宝和他们的妈妈长得很像，大家要抓住这个特点找哦！谁要找到了就赶快举手，能帮助一个字宝宝也是可以的。

生一：我找到了。"马"字的妈妈应该是第八个。

师：大家说是吗？

生：是。

师：可是为什么呀？

生一：因为第八个妈妈就像一匹马的图画。

师：的确是。我们来看找得对不对？(出示答案)对了！你真棒。甲骨文中的马就是这个样子，后来又写成了这个样子。看，多像欢快地活动着四蹄的小马呀。现在的台湾地区使用的"马"字是这样的：馬。大家看，四点底便是马的四蹄，马头和马身的写法基本没变。我们现在的马字把四蹄变成了一竖，把马的眼睛鬃毛省略，更简便易写了。但我们还是能依稀看出马的形体。

在这一示例中，教师采用儿童喜爱的做游戏的方式，先入为主的使学生接触本来难以理解的甲骨文，通过象形字图画性的特点，启发儿童认识古文字。对字形演变进行有选择的分析，避开具体笔画的变形过程，强调主要笔画，用浅显的语言进行描摹，使学生产生形象化的感受。

(3) 吸收部件识字法进行分类，规避过度依赖。本教学策略吸收部件教学法利用部首对汉字进行分类集中识字的方法，对《现代汉语常用字表》中所收汉字利用部件进行了分类，便于实践中进行集中识字。但值得注意的是，有一些汉字的部件由于隶变或简化等原因，已基本失去表意功能。如："卖"字的部首为"十"，这一部首是由篆书"出"（表示将货物售出）隶变为"十"，隶变后"十"这一部首的表意性已被弱化。还有一部分合体字由于隶变或简化等原因，在字形承续上出现断裂，造成古今字形差别太大，在识字中进行理据分析容易使学生产生畏难心理。对于这部分字，并不适合集中识字，而应引进随文析字的识字方法加以规避。以"卖"字为例来说明合体字进行随文析字的优点。"卖"字出现在苏教版五年级上册第八课成语故事《自相矛盾》中。原文为"古时候，有个楚国人卖矛又卖盾"。"卖"字的部首为"十"，篆书中部首为"出"，表示将货物售出。隶变后部首中的"出"形消失，因此用简化字部首"十"已不能起到表意作用，识字中可先引入"卖"字的篆书写法，向学生说明上部为，中间为，下部为贝。表示将货物售出后获得当时的货币贝壳。然后将篆书字体与今天所使用的简化字体进行字形比较，以加深学生对字形的印象。结合课文可说明楚国人卖矛又卖盾，目的是赚得就像"卖"字中满满一网兜的货币，进而理解楚人为什么急于出售自己的货物而不去思考自己显然相互矛盾的广告语。这样解释学生既了解了"卖"字的字形，又对文意有了更深的理解。课文分析中还可引用"王婆卖瓜，自卖自夸"的故事来说明名副其实的广告理念和诚信做人的道理。

(4) 吸收字族文识字方法，提高语文综合能力。字族文识字法有一个显著特色是启发学生用同字族的字连成一段话或写成一首儿歌等。这种方法使学生及时地巩固了学得的生字，并锻炼了读写能力，有效地提高了学生的语文综合能力。在合体字集中识字中大胆采用字族文识字方法，让学生利用某部所辖合体字进行写作练习，更好地提高学生的语文能力。

(5) 综合多种识字法的特点，增强可操作性。例如可以在字理识字的基础上吸收联想识字法关于汉字相关词句的联想生发特点，引入与具体字相关的成语、典故、诗句等汉字文化内容进行文化渗透，拓宽知识面，丰富情感，培养学生对识字的兴趣。在识字教学中引入并吸收字族文识字法的长处，启发学生运用所学生字写话，训练学生的综合语文能力。以下为"马"字的字义、相关典故的汉字文化解析及教学示例：

字义：

①本义，名词：善跑、常被用来拉车的力畜。　　马车　　马缰

②形容词：大的(口语)。　　马蜂　马勺　马桶

诗句：

千里马常有，而伯乐不常有。

——韩愈《马说》

链接：

马虎的由来

宋朝时，有一个画家很有名气，但他有个特点：经常会凭想象画一些不伦不类的东西。有一次，一个人向他求画。他随手便画出了一个栩栩如生的虎头，却又天马行空的在虎头后画了一个马的身子。来求画的人看了，很是不满，便问他画的是什么。只听他回答道："马马虎虎。"来人听了摇了摇头，没有拿画就走了。画家见画没被拿走，便把它张贴在自己家墙上，并甚为得意。这时大儿子从外边回到家，看到画便问："父亲，请问这画上画的是什么？"只听他回答道："是老虎。"一会，他的小儿子也回来了，又问他画上是什么。他随口答道："是马。"

不久大儿子外出打猎，被人家绑去了县衙，要求赔钱。原来大儿子在打猎时看到了马，便以为是老虎，举箭便把别人的马给射死了。马主人大怒，便将他绑起来送到县衙。画家听说了消息，急忙拿着钱来到县衙，救出了大儿子。又过了几天，小儿子到山里玩耍被老虎咬死了。原来小儿子在山里碰到了老虎，以为是马，便想去骑。正在睡觉的老虎被激怒了，便把小儿子给咬死了。

画家悔恨万分，拿着这幅马虎图来到小儿子坟前焚烧，不停的说道："儿啊，是为父这幅马虎图害了你啊。"从此人们便使用"马虎"来形容某人办事不认真，草率应付。

对于这些材料，我们在识字教学中必须加以分析，有选择地应用。对于"马"的字义，一年级学生还不能清楚认识字义间的细微差别，只能利用让学生组词的方法感受语言中"马"字的不同含义。对于诗句，由于一年级学生还没有理解《马说》深刻内涵的能力，所以不再阐发。课后可让学生收集含有"马"字的诗句或成语，拓展知识面。对于成语典故，"马虎"一词学生在生活中经常听到，可以进行讲述以拓展汉字文化，增加趣味性。

"马"字的教学片段如下：

师：大家谁能用"马"组词啊？

生：快马、马到成功、马桶、马虎……

师：非常好。那么大家谁知道"马虎"是什么意思啊？

生：不认真、粗心大意。

师：对。关于"马虎"还有一个故事呢，大家要不要听啊？

生：要。

师：(教师讲述"马虎"故事，学生听讲。)

现在大家来写一下"马"字。我们来请一位同学给大家介绍一下"马"字的结构。哪位同学想介绍，请举手。

生："马"字应该写在田字格中间，第一画横折与第二画竖折折钩间要留有空隙，不能连在一起。最后一画横要写得比上面的两个横笔长一些。

师：这位同学说得非常好。老师还要补充一点就是第一画的横折的折笔要向里微斜，这样字形才会好看。好，现在请同学们照着课本内的"马"字在生字本上写一次。我看谁又马虎了？(学生照课本写，教师巡查。)

(6) 运用"四书"，进行分类识字。

在《周礼·地官·保氏》中最早提出了汉字的"六书"说，许慎在《说文解字序》中对"六书"进行了定义，即：象形者，画成其事，随体诘诎，日月是也；指事者，视而可识，察而见意，上下是也；会意者，比类合谊，以见指撝，武信是也；形声者，以事为名，取譬相成，江河是也；转注者，建类一首，同意相受，考老是也；假借者，本无其字，依声托事，令长是也。经后世学者研究，普遍认为象形、指事、会意、形声为造字法，转注、假借为用字法。因此，此处取"四书"说，进行分类识字。在形声字中，"四书"分类只涉及会意和形声两类。

会意字是由两个或两个以上的汉字部件(或独体字)经过重新组合(或变形)，从而合成一个新字表示新的意义。如：磊、尖等。也有的会意字是由一个独体字进行变形构成新字表示新的意义。如：凸、凹等。杨桓在《六书统》中指出会意字的特点"使人观之而自悟"，如"休"字，一个人靠着一棵树，便可作"休息"讲。

因此，会意字的教学可借助故事、字谜、flash 动画进行，以乐趣激发兴趣，提高识字效率。

形声字。许慎云："形声者，以事为名，取譬相成，'江''河'是也。"多数形声字的产生是在汉字漫长的发展过程中，已有汉字已不能满足生产生活的需要，出现了字音或字义的一字多用，便在已有字形上添加字符，从而产生了大量的形声字。形声字一般由声旁和形旁构成，声旁可以为整字的读音提供线索，但具体字声旁表音的准确性有所差异，以苏教版小学语文课本三年级上生字表所收生字中形声字为例：

形声字声、韵、调一致情况	声、韵、调皆同	声、韵同，调不同	韵同，声、调不同	韵、调同，声不同	声同，韵、调不同	声、调同，韵不同	声、韵、调皆不同
数量	81	45	45	14	11	1	83
百分比	28.9%	16.1%	16.1%	5%	3.9%	0.3%	29.6%

在本册书生字表所收 372 个生字中，280 个为形声字，声旁读音与整字完全相同的有 81 个，占总数的 28.9%；声韵同，调不同的有 45 个，占 16.1%。这就证明利用形声字的声旁进行识字教学是有事实依据的。我国民间流传的俗语"秀才认字识半边"，讲的就是这个道理。

① 利用声旁识字。第一步，从生字中找出形声字。由于汉字字形存在演变，辨析形声字应以现行字形为基准，并适当考虑古字体在"四书"中的分类。如"妇"字一般会认为是形声字，且"女"为形旁，"彐"为声旁，但很明显声旁不具有明显的表音性。结合古字体𫖯与《说文解字》中的解释："婦，服也。从女持帚灑掃也。"便可发现"彐"为"帚"的简化写法，应与"女"一起表示构成造字本义：女子持帚在家洒扫。由此可知，"妇"为会意字。第二步，对已划定的形声字要结合《说文解字》等相关权威著作的相关说法作为参考，以现行字体为基准，进行整字与声旁的声、韵、调一致情况的分类。有部分字的声旁并不明显，如"秃"字的声旁依现行字形很难确定，结合《说文解字》的解释："秃，無髮也。从人，上象禾粟之形，取其聲。""秃"篆文字形为𥝌，与今字对比字形只是更为符号化，字形变形不大，因此便认为"秃"的声旁为"禾"。第三步，以分类结果为依据，进行分类集中识字。

② 利用形旁识字。第一步，从生字中找出形声字。以上已有叙述，在此不再赘述。第二步，辨别形声字形旁，归类同形旁生字。归类标准以《说文解字》为准，并适当结合《现代汉语词典》对现行汉字部首归类观点进行。如：秃《说文》形旁为"人"，但从现行字形中"人"旁已不复留存，且《说文》曰：秃，無髮也。从人，上象禾粟之形，取其聲。凡秃之屬皆从秃。王育說：蒼頡出見秃人伏禾中，

因以制字。未知其審。清代陈昌治刻本『说文解字』因此，本分类中"禿"归于"禾"部。又如："临"部首为丨，《说文解字》曰：臨，監臨也。从臥，品聲。"臥"后变形为"卧"，意为睡倒，躺或趴。因此，"临"的本义为俯视查看。随着字形演变，"卧"作为"临"的形旁已发生较大变形，但部首"丨"不具有表意性，不利于归类教学，因此"临"的形旁依然使用"卧"。第三步，阐释所涉形旁汉字文化。很多合体字的形旁为独体字或独体字的变形，而拥有共同形旁的汉字往往携带着某一相同或相似的汉字文化信息，利用这一特点进行集中识字将会有效提高识字效率。以苏教版三年级上生字为例，以"火"为声旁的本册生字"燃"、"煤"、"烧"都明显与火有关。对形旁字形理据的分析，主要参照《说文解字》《汉字蒙求》《甲骨金文字典》等较权威的字典的阐释，并结合黄亢美《小学语文字理教学手册》、崔增亮《字源识字教学手册》等针对小学识字的工具书进行解析。在某些存在争议的观点上利用知网数据库、图书馆文献等资源查阅大量文献进行甄别，选取较权威、较被学术界广泛认可的观点进行形旁理据分析。结合小学教师的理解能力和小学生的认知水平，深入浅出的对两册书所涉部首进行理据落实，以方便实践教师借鉴应用。如：

"女"的汉字文化解析：

女

甲骨文　　　　金文　　　　篆文　　　　隶书　　　　楷书

甲骨文字形像一个胸部发达、双手交叉、屈膝跪坐的温柔女子形象。金文胸部特征更为明显。篆文中的一只手臂舒展开，更富美感。隶书变化较大。楷书承续隶书字形。

第四步，以归类结果、形旁汉字文化为参考，进行分类集中识字。

4. 实践教师，践前培训

本策略中综合使用多个识字教学方法，如字理识字法、联想识字法等。这些方法每个教师的了解程度不同，因此有必要在实践前将所涉识字方法向实践教师加以说明，使教师能在实践中加以运用并有效规避缺陷。

(1) 识字方法培训。本策略是在综合多种识字教学方法优势的基础上提出的。其中对部首识字法、字理识字法、字族文识字法三种识字方法做了较多借鉴。这些方法每个教师的了解程度不同，因此有必要在实践前将所涉识字方法向实践教师加以说明。在实践前，在教师阅读相关材料的基础上，就部首识字法的汉字分类原则及方法、字理识字法中字形理据分析方法、字族文识字法中同族汉字连缀成文的方法进行了补充讲解，对联想识字法、使教师熟悉识字方法，从而保证实践效果。

(2) 汉字字理培训。在实践中要求对汉字进行字形理据分析，但很多小学教师由于客观占有资料的限制和自身知识结构的局限，正确理解汉字的字形理据比较困难。因此在实践前，组织参加实践的教师进行部首字理培训，并将所整理的有关汉字的汉字文化材料(包括字形理据)预先发放给实践教师，使教师在教学中有据可查。

以下为汉字培训材料片段：

车

| 甲骨文 | 金文 | 篆书 | 草书 | 楷书 |

象形字。甲骨文 両边为车轮，中间为车厢。金文字形多样化，有的在上部加了轭具 、，有的在甲骨文简体字形基础上继续简化，将两边的车轮简化为横。篆文承续金文字形。俗体楷书利用草书字形作了较大简化。

字义：

①本义,名词：有轮子，靠牛马驱动的交通运输、战斗工具。(车百乘)

词性引申

②动词：转动轮子，利用转轮加工磨制。(车间、车磨)

词性引申

③名词：利用转轮做工的器械。(纺车、水车)

诗句：

车辚辚，马萧萧，行人弓箭各在腰。

——唐·杜甫《兵车行》

链接：

杯水车薪

这个成语出自《孟子·告子上》。

从前，有一个打柴的人砍了满满一车柴准备拉到集市上卖掉。来到集市天已经快晌午了，火辣辣的太阳当空照着，打柴人又累又渴，好不煎熬。这时他看到前面有一家茶馆，便把柴车停到茶馆门前，自己走进去喝茶。几口茶水下肚，砍柴人顿时觉得凉爽了不少。这时门外突然有人高喊："快救火啊，不好了，柴车着火了！"打柴人听到喊叫急忙跑了出去。柴车上的火烧得很猛，打柴人情急之下便把茶杯里的水向烈火泼去。但水太少了，火势反而越来越大。眨眼工夫一车柴草便化作了灰烬。后来人们就用"杯水车薪"比喻力量太小，不能解决根本问题。

在此基础上，依据对归类和字理分析资料以"人"部汉字为例进行教学示范，使教师产生利用部首字形理据理解所辖字汉字文化的直观感受。

三、第三阶段：课堂实践

1. 教学示例一：合体字集中识字渗透汉字文化

【授课对象】

小学一年级学生

【课前准备】

(1) 教师课前查找本节所学合体字会、全、从、以、们、何、你、像、信、他、住的字形演变、字形理据等汉字文化内容，并就课堂设计制作 PPT 课件。

(2) 学生预习生字，读准读音。

【教学目标】

(1) 讲解苏教版一年级上册生字表中所收以"人"为部首的汉字的基本形、义，了解该部首的文化意蕴。

(2) 解决生字表中相关部首的读写问题，了解掌握相关字的汉字文化。

(3) 培养学生汉字理据性思维意识和热爱祖国语言文字的情感。

【教学重难点】

(1) 讲解苏教版一年级上册生字表中所收以"人"为部首的汉字的基本形、义，了解该部首的文化意蕴。

(2) 解决生字表中相关部首的读写问题，了解掌握相关字的汉字文化。

【教学方法】

(1) 讲授法。

(2) 集中识字法。

【课时安排】

一课时

【教学过程】

(1) 以"人"字的不同写法导入，激发学生好奇感。

| 甲骨文 | 金文 | 篆书 | 隶书 | 楷书 | 附形部首 |

(2) 落实本节所识字的读音。

① 学生在生字表中找出"人""亻"部字。

会、全、从、以、们、何、你、像、信、他、住

② 一生读。

③ 师生共指不准确处。

④ 教师领读，学生跟读。

⑤ 学生齐读。

(3) 引导识字，渗透汉字文化。

① 展示古体字形，引导学生理解字理。

② 讲解字义过程中分析字义。

③ 适时引入相关汉字文化知识。

④ 落实简体字写法。

(4) 写字训练。

① 学生描红。

② 教师将易错字的结构进一步讲解。

③ 学生在方格本上照着书上的生字写。

④ 请一位同学上黑板写，学生指出错误。

⑤ 教师默写全班同学。

(5) 作业。

① 利用本节课所讲十一个生字中至少四个写成一段话或一首儿歌，比比谁用的生字多、写得好。

② 找出本册书生字表中所有"女"部字，并查字典确定。

【策略反思】

合体字是由两个或多个汉字部件构成的，结构比较复杂，古今写法差别也较大，本策略将字形理据分析与字义结合降低理解难度。对于小学一年级学生感性思维比较发达，本策略将字形理据分析尽量与学生的生活实际联系起来，使学生由生活生发文化联想，有助于培养生活即学问的文化观念和主动识字的愿望。

2. 教学示例二：合体字随文识字渗透汉字文化

【教学对象】

小学一年级学生

【课前准备】

教师：

(1) 准备文中关键字"秋""好""友""心""裹""生"六个字的汉字字形演变、字形理据等汉字文化资料。

(2) 做好课堂 PPT。

学生：

(1) 学生在文中画出生字所组成的词语，读准生字读音。

(2) 初读课文，要求读准字音，较为流利。

(3) 标划出文章自然段。

【教学目标】

(1) 学习生字词，掌握生字的正确读写方式，理解字义。

(2) 利用随文析字的方法阐释课文内容，把握秋季季节特征。

(3) 引导学生关爱自然，关心他人，培养健康和谐的生命品格。

【教学重难点】

利用随文析字的方法学习生字词，理解课文内容，把握秋季季节特征。

【教学方法】

随文析字

【课时安排】

《秋姑娘的信》共二课时，本示例为第一课时。

【教学过程】

(1) 导入。

以学生对秋天的认识引出"秋"的甲骨文写法，并加以字理分析。

(2) 初读课文，疏通词句。

① 指定一名学生朗读，其他学生与教师一同指出错误。

② 学生齐读。

(3) 随文析字，利用重点字词的汉字文化理解文章主题。

① 引导学生理解课文主题，把握文章内容。

② 利用对"好"、"友"、"心"的汉字文化解析，使学生理解秋姑娘对好朋友大雁、青蛙、松鼠、小树的关心和对大自然中一草一木的博爱精神，引导学生细心观察生活，热爱自然，健康快乐地生活。

③ 讲解简化字字形，学生练习写字。

(4) 朗读课文。

① 教师范读，学生跟读。

② 学生齐读，注意情感。

(5) 作业。

请同学们完成课后第三题，写在写话本上。

(6) 板书。

秋姑娘的信

大雁	多加小心
青蛙	盖好被子
松鼠	准备食品
孩子	裹上"冬衣"

【策略反思】

本策略在随文识字的基础上进行识字，将所识生字的汉字文化解析与文中的字义联系起来，在学习汉字的同时，加深对课文主题的理解。

(1) 重视汉字文化与文章思想的交汇共生。每一个汉字所能够生发的汉字文化非常广泛，要注意选取与文章主题思想、课文内容相关的汉字文化加以解析。不可求多求泛，使学生迷失学习目的。

(2) 注意对简化字字形的写法的强调。古体字形只是用来使学生更好地理解简化字字形，解决识字难题，更好地理解课文主题的工具。强调简化字字形，能有效地减少小学阶段的学生书写汉字的错误率，培养正确书写汉字的习惯。

3. 教学示例三：合体字中会意字识字教学渗透汉字文化

【授课对象】

小学一年级学生

【课前准备】

课前教师准备相关图片，并制作多媒体课件。

【教学目标】

(1) 学习"明"字，使学生会读写、会运用，培养识字兴趣。

(2) 通过"明"字教学，学习会意字特点，积累识字方法。

【教学重难点】

学习"明"字，使学生会读写、会运用。

【教学方法】

小组合作法

【课时安排】

10 分钟

【教学过程】

(1) 教师在黑板上写出"明"字及拼音，同时范读。

(2) 教师利用多媒体或图片出示"日"的甲骨文⊖+"月"的甲骨文➤="明"的甲骨文⊙，即⊖+➤=⊙。("明"是苏教版一年级上第六课的二类字。在学习该字前学生已在"认一认"中学习了"日""月"，对两字的甲骨文字形较为熟悉。)

(3) 教师将学生分组，要求每组学生自编"明"字谜语或写出十个有"明"字的词语或说出两句带有"明"字的古诗。(学生可借助工具书等查阅)

(4) 一名学生黑板上写出"明"字，并说明字形结构、笔画，其他同学补充、更正。

(5) 学生描红，教师指导。

【策略反思】

许慎云："会意者，比类合谊，以见指㧑，武信是也。"会意字是由两个或两个以上的汉字部件(或独体字)经过重新组合(或变形)，从而合成一个新字表示新的意义。如：磊、尖等。也有的会意字是由一个独体字进行变形构成新字表示新的意义。如：凸、凹等。杨桓在《六书统》中指出会意字的特点"使人观之而自悟"，如"休"字，一个人靠着一棵树，便可作"休息"讲。因此，会意字的教学可借助故事、字谜、flash 动画进行，以乐趣激发兴趣，提高识字效率。

4. 教学示例四：合体字中形声字识字教学渗透汉字文化

形声字中以声旁为特点的识字教学示例。

【教学对象】

小学二年级学生

【课前准备】

(1) 查找阅读"低""底""抵"三个字的汉字字形演变、字形理据等汉字文化资料。

(2) 教师课前制作好多媒体课件。

【教学目标】

(1) 学习形近字"低""底""抵"的读写法，掌握基本使用方法，培养识字兴趣。

(2) 培养学生汉字学习中的观察能力和对祖国文字的热爱。

【教学重难点】

引导学生掌握形近字"低""底""抵"的不同用法。

【教学方法】

小组合作法

【课时安排】

10分钟

【教学过程】

(1) 导入。

以处理学生练习题中的问题导入，引起学生注意。

(2) 落实读音、写法。

① 教师对学生进行分组，共三组，要求每组一名学生在"低""底""抵"三个字中选写一个字在黑板上，另两组同学找出同学写得不正确的地方。

② 每组选一名同学为该组所写的字加注拼音，另两组同学找出同学写得不正确的地方。

③ 齐读。

(3) 分析字义，掌握用法。

① 比较"低""底"两字，出示"氐"的金文字形 ![金文] 为一个人低头垂手而立。然后依次出示"低"篆书字形 ![篆书] 和"底"的甲骨文字形 ![甲骨文]，并阐释"低"字形理据为俯首垂背而立的人，先引申为接近地面的、不高的；"底"字形理据为倚山根建造的棚屋，现引申为物体的最下面部分，加深学生对两字字义的印象。

② 要求学生生字表中找出与"低"读音相同的字(为"堤")，并拼读。然后找出与"低"声旁相同的字(为"抵")。解释"抵"字义。

③ 学生分组分别用三个字组词，其他组纠正错误，比赛哪组组词最多。

(4) 作业。

尝试用三个字写成一段话。

【策略反思】

声旁相同的汉字往往有着相同或相近的读音。本课中安排先让学生写、读拼音便是让学生先感觉生字的这一特点。随后教学中安排解析"氐"的字形含义是为了更进一步说明"氐"这一声旁在汉字中的意义。

形声字中以形旁为特点的识字教学示例。

【授课对象】

小学三年级学生

【课前准备】

教师课前查找本节所学合体字燃、煤、烧的字形演变、字形理据等汉字文化内容，并就课堂设计制作 PPT 课件。

【教学目标】

(1) 掌握"燃""煤""烧"三字的音形义，学会在语言中正确运用。
(2) 懂得形旁为"火"的汉字特征，培养独立识字能力。

【教学重难点】

掌握"燃""煤""烧"三字的音形义，学会在语言中正确运用。

【教学方法】

讲授法

【课时安排】

10 分钟

【教学过程】

(1) 导入。

以处理学生练习题中的问题导入，引起学生注意。

(2) 掌握字形。

① 教师出示以"火"为形旁的字：燃、煤、烧，学生观察。

② 引导学生找出共同点，并结合古体字说明各字与"火"的关系。

燃：金文 ![金文] = ++，表示用火烧烤猎物。

煤：本义为烟尘。

烧：篆文 ![篆文] = +，造字本义：动词，将泥丕放在窑中的大火里制成陶器。

③ 学生练习写准字形，教师指导(可书空、描红、示范等)

(3) 掌握字音。

学生拼读字音，教师指导。

(4) 掌握用法。

① 学生练习组词，并将三个字写进一段话里。

② 师生一起搜集包含三个字中其中一个字的成语、诗句，并了解语义。

【策略反思】

形旁相同的汉字往往字义会呈现相关性。本教学安排学生先观察字形，在此基础上教师讲解字形理据、字义，学生更易于理解，识记。

第四节　实　践　总　结

一、小学识字教学中渗透汉字文化的教学策略的实施条件

1. 渗透汉字文化，理念确立

有文献指出：影响语文教学发展的根本因素是语文教学理念，而语文教学理念的直接体现为语文教学方法。这一结论同样适合小学识字教学。要在小学识字教学中渗透汉字文化首先要在语文教师中树立小学识字教学的汉字文化观，并在识字教学中加以应用。依据课标要求，使语文教师认识到在识字教学中渗透汉字文化不但是解决识字难题的根本途径，更是培养学生的语言文字运用能力、增强民族文化认同感的最好方式。因此要在小学识字中渗透汉字文化，首先要在教师中树立汉字文化观，并在小学识字课堂中作为常态进行贯彻应用。

2. 汉字文化资源，持续开发

汉字文化是一个蕴含极其广泛的概念，是小学生了解汉民族文化的起点。为了便于研究，笔者圈定了本研究中所渗透汉字文化的范围，并在此基础上对苏教版小学语文课本一年级上册和五年级上册生字表中所收生字进行了独体字和合体字的分类，对其中的合体字进行了部首分布归类，并在此基础上利用部首的表意性进行部首领属归类。利用汉字起源、演变规律对两册书生字表中所收共81个独体字和五年级上册中易错字、重点字的字形演变、字理、字义发展进行了详细分析。利用部首的表意性对两册书中所涉共98个部首进行了部首形体演变的文化分析。对苏教版小学语文课本一年级上册和五年级上册生字表中所收81个独体字和五年级上册中的易错字、重点字进行了相关诗句、相关典故、成语故事等汉字文化内容的搜集整理。在此要特别指出的是：汉字文化所包含的内容远远不止这些。小学识字课堂中的汉字文化内容需要小学识字教学的研究者和教师不断开发丰富，使小学识字课堂越来越富有文化意味。

3. 依据构形，分类汉字

汉字是表意性文字，从汉字字形入手学习汉字是在汉字学习中渗透汉字文化

的开始。小学现行的苏教版教材中生字的编排方式并没有充分考虑汉字字形由易到难、由独体到合体的特点。利用现行教材中的生字表的编排方式进行渗透汉字文化的识字教学会费时费力，效果不佳。因此有必要对汉字进行分类，重新编排。在尽量尊重教材编排方式，增强实际课堂的可操作性的基础上，对苏教版小学一、五年级上册中的生字进行了如下分类：

(1) 独体字和合体字的分类。

由于独体字具有笔画较少，但笔形变化丰富；结构相对简单；象形、指事字较多；具有强大的成字功能的特点，学习独体字将为今后的识字学习奠定基础。依据 2009 年颁布的《现代常用独体字规范》对两册书中的独体字和合体字进行分类，以求方便于实践。

(2) 依据"四书"理论，进一步分类独体字。

东汉许慎在《说文解字》中从字的构形入手将汉字分为象形、指示、会意、形声四类，合称"四书"。四种分类指出了汉字四种不同的构形方式。在独体字中，只涉及前三种。依据"四书"，将两册书中共 81 个独体字进一步分类。由于汉字在隶变和简化的过程中很多汉字的字形发生了很大变化，按照字形演变规律进行识字教学已经比较困难，所以将这一部分汉字单独列出，方便在实际教学中进行随文析字。

(3) 依据部首，分类合体字。

在 2011 年版《义务教育语文课程标准》中在小学第一学段就提出"能借助汉语拼音认读汉字，学会用音序检字法和部首检字法查字典"的学段要求。利用部首在小学识字课堂使用频率较高的优势和部首的表意性、对合体字的统辖性特点，依据 2009 年 1 月由教育部、国家语言文字工作委员会共同发布的《汉字部首表》和《现代汉语字典》，对苏教版小学一、五年级语文课本上册生字表中所收合体字进行部首分类。

4. 汉字文化，字字落实

在圈定本研究所涉汉字文化范围的基础上，为解决小学教师知识结构限制对汉字进行汉字文化解析力不从心的问题，笔者对苏教版小学一、五年级上册所收的独体字进行了字形演变、构字理据、字义、相关典故、相关诗句等汉字文化内容的解析。在对两册书生字表中生字部首分类的基础上，对两册书中所涉部首进行了字形演变为主的汉字文化解析。

在汉字文化解析中，为保证对汉字的字形理据、字义演变等汉字文化内容解析的正确性，参照《说文解字》《汉字蒙求》《甲骨金文字典》等较权威的字典的观点看法，同时结合针对小学识字的字典，如黄亢美先生主编《小学语文字理教学手册》、崔增亮先生等主编的《字源识字教学手册》对具体字的汉字文化进行解析。在某些存在争议的观点上利用知网数据库、图书馆文献等资源查阅大量文献进行甄别，选取较权威、较被学术界广泛认可的观点进行汉字文化阐释。结合小学教师的理解能力和小学生的认知水平，深入浅出的对两册书所涉独体字进行字字落实，以方便实践教师借鉴应用。

5．教学方法，综合使用

在文献综述部分着重介绍了多种识字教学方法，在此不再赘述。必须指出的是：每种识字方法的存在都有其存在的合理性。要提出较为合理有效的新的识字方法，必须重视并大胆吸收其他识字方法的优点，规避这些识字方法中被实践证明的缺点。本策略的提出是在吸收众多识字法的优势，如集中识字法和分散识字法合理使用，避其缺陷；吸收字理识字法进行汉字析解，规避曲高和寡；吸收部首识字法进行字形分类，规避过度依赖；综合字族文识字法、联想识字法等特点，增强可操作性。只有在综合各类识字教学法优势的基础上，才有可能保证新的策略的合理性与可行性。

6．实践教师，践前培训

在深入小学的过程中，笔者发现：在识字教学实践中对进行实践的小学教师仅仅提供对生字的分类信息和字字落实后的汉字文化信息是远远不够的。小学教师由于客观方面的时间所限和主观方面个体研究和理解能力的差别，在充分占有识字教学渗透汉字文化的资料的情况下，并不能很好地加以运用。尤其是对字形演变、字理分析的内容并不能很好掌握。为此，在教师实践之前，笔者对小学教师进行了实践前培训，具体可分为以下几类：

(1) 识字方法介绍。在实践前，笔者搜集了我国识字教学中的几种主要的识字教学方法以及在本策略中综合运用的几种识字方法的资料发给每个实践教师。在教师自己阅读学习的基础上，笔者对每种方法的优缺点进行了详细说明，以求实践教师在实践中加以自觉规避。在此基础上还收集了运用以上几种识字教学方法的视频供实践教师观看评析。

(2) 字形理据培训。实践前，笔者对苏教版一、五年级上册所收独体字的字形理据对参加实践教师进行了详细解析，并将所整理的有关独体字的汉字文化材料(包括字形理据)预先发放给实践教师，使教师在实践中有据可查。

7．策略应用，调试丰富

实践是检验真理的唯一标准。本研究所提出的策略是经过小学实际课堂检验的，有一定的应用价值。但由于实践范围不广，普遍性不强。在实践中要注意因地制宜、不断调试，丰富策略内容，使策略更具普遍意义。

二、小学识字教学中渗透汉字文化的途径探究

汉字文化所涵盖的范围极为广泛，汉字从创始之初便与生活紧密相连。因此在识字教学中必须树立"大语文"的识字理念，改进识字方法且不为方法所困。在生活中解读汉字文化，使识字与生活紧密联系，是识字教学所应追求的终极目标，也是提高学生人生品格、促进精神成长的关键举措。

1. 博采众长，丰富方法

在新课程改革的倡导下，小学识字方法层出不穷。本研究所综合的几种主要的识字方法，有着明显的优势，但并不排除其他的识字教学方法有更为可取的方面。因此，应该在了解其他识字方法的基础上博采众长，使所提出的教学策略更为合理可行。

2. 家校结合，营造氛围

在实践中笔者发现：有很多学生在入学前就已经认识很多汉字，且已有一定的阅读量。经过调查发现：这部分学生的识字量是在家长的引导下完成的。因此笔者认为，可以将小学识字中所涉及的汉字文化内容通过网络提供给家长，由家长加以引导学习，借以弥补由于课时所限，课堂渗透汉字文化内容有限的缺点。这样也将汉字文化与生活更为紧密地结合起来，提高学生的感悟力。

第六章 结论与建议

第一节 研究结论

本论文研究的问题是在在汉字文化视野下提出切实可行的小学识字教学体系。在广泛阅读、分析相关文献的基础上，深入研究分析了小学识字教学方法和汉字文化的发展历程及研究成果，并在此基础上圈定了汉字文化在本研究中的具体范围。

本研究的基本思路是通过教学实践发现问题，分析问题，并不断尝试解决问题。在理论研究的基础上，笔者选取晋中市 A 小学一到六年级各两个班的识字课堂为实践对象，进行了为期三年的教学实践。根据研究需要，本研究设计了两种研究工具：调查问卷和访谈提纲。调查问卷的调查对象为小学一到六年级各两个班的学生，主要了解学生对现行识字教学方法的反馈、在现行识字教学方法下的学习效果的自我评价和学生的识字兴趣。访谈提纲主要用来了解教师对识字教学方法的认识、实际教学中所采用的识字教学方法和对汉字文化的认识。调查问卷的数据使用 spss18.0 统计软件进行处理，访谈数据则使用定性的方法处理。通过研究得出，当前小学识字教学现状不容乐观。导致这一现状产生的原因主要是小学识字教学方法不够科学，小学教师知识结构有限等几方面。基于小学识字教学在小学语文教学中的重要地位，本研究就如何在小学进行识字教学中渗透汉字文化为重点进行了实践研究。

经过不断的实践总结，本研究提出了一套行之有效的可以在小学识字教学中渗透汉字文化的识字教学体系。本体系主要分为构建汉字网在识字教学中渗透汉字文化的教学体系和依据教材编排顺序在识字教学中渗透汉字文化的教学体系。

在通过构建汉字网在识字教学中渗透汉字文化的教学体系中，利用汉字字形的表意性和部件对汉字的统摄性，构建了七个主题的汉字网络，并将《现代汉语常用字表》中所收字进行了表意归类，对 3500 个常用字进行了字形理据阐释。在此基础上提出了教学策略，并进行了教学示例。

依据教材编排顺序在识字教学中渗透汉字文化的教学体系中，依据汉字结构特点分为两类，分别是分别是独体字渗透汉字文化教学策略和合体字渗透汉字文化的教学策略。

在独体字渗透汉字文化的教学策略中，利用 2009 年教育部、国家语委颁布的《现代常用独体字规范》对苏教版小学语文课本一、五年级上册生字表中所收生字进行了独体字和合体字的分类，并在此基础上对两册书所收入的 81 个独体字按照"四书"进行象形、指示、会意字的分类，对每个字的字形演变、字理、字义发展进行了详细分析，搜集了相关诗句并链接了相关典故、成语故事等汉字文化内容。在实践前对实践教师进行了多种识字教学方法和相关汉字文化的培训，并做出了独体字集中识字渗透汉字文化和独体字随文析字渗透汉字文化的策略示例。

在合体字渗透汉字文化的教学策略中，利用 2009 年我国教育部与国家语言文字工作委员会共同发布的《汉字部首表》中 201 个主部首与 100 个附形部首为标准，对两册书中生字表中所收合体字进行了部首分布归类，并就部首表意类型进行了归类整理。在此基础上对两册书中所涉共 98 个部首进行了部首形体演变的文化分析。在实践前对实践教师进行了多种识字教学方法和部首形体演变理据的培训，并做出了合体字集中识字渗透汉字文化和合体字随文析字渗透汉字文化的策略示例。

希望本策略能为小学教师提供行之有效的识字教学参考，有效解决学生识字难题，培养学生对祖国语言文字的热爱。

第二节 研 究 建 议

一、理论研究建议

小学识字教学研究应在完善教学方法的同时加强对文字学、社会历史学等学科知识的借鉴。小学是一个人知识结构开始建构的基础期，通过小学语文的学习要培养学生对"语言文字的运用能力，提升学生的综合素养，为学好其他课程打下基础；为学生形成正确的世界观、人生观、价值观，形成良好个性和健全人格打下基础；为学生的全面发展和终身发展打下基础"。[①]目前，小学识字教学的方法层出不穷，但要完成课标提出的"继承和弘扬中华民族优秀文化传统和革命传统，增强民族文化认同感，增强民族凝聚力和创造力"，渗透汉字文化的识字教学方法无疑是行之有效的。这就要求小学识字教学的研究者和实践者占有更多的文字学、社会历史学等与汉字文化有关的知识，这也正是今后小学识字教学的研究方向。

---

① 中华人民共和国教育部. 义务教育语文课程标准[M]. 北京：北京师范大学出版社，2011：3.

二、实践研究建议

1. 在小学识字教学中渗透汉字文化要立足识字目的，切忌舍本逐末

汉字文化渗透要时刻注意小学生特殊的认知水平，在讲解中要以简单清晰、帮助识字为原则，切忌在教学中舍本逐末去追究确凿的汉字起源意义，大段讲解汉字文化而忽视对汉字音形义的教授。应该明确：汉字文化应服务于识字教学，识字教学中汉字文化的渗透应该是自然而然、润物无声的。对于汉字字理应选取简单易懂、争议较少的说法，因为小学识字教学不是汉字学的学术研究，而是一种有利于小学生理解、掌握汉字的识字方式。

2. 小学识字教学要注意培养学生主动识字的兴趣和能力

新课标明确提出小学识字教学要使学生"喜欢学习汉字，有主动识字、写字的愿望"。虽然在本研究中笔者已认识到了培养学生主动识字的兴趣和能力的重要性，但在具体实践中这一点的落实还是有些差强人意。究其原因一方面是多年小学识字教学课堂中教师主导课堂的惯性已形成，一时难以改变；另一方面是本研究所得出的方法本身还存在不够完善的地方，今后仍需努力。

三、研究的不足之处

1. 研究范围有限，没有涵盖小学所有生字

由于研究实践范围和个人精力所限，本实践研究是在安宁小学一至六年级实验班中开展的，因此在研究中提出的数据会有不准确、信效度不高的问题。在今后的研究中仍需继续研究完善。

2. 部件分类没有涵盖所有常用部件

本实践研究中进行的部件分类虽然是立足于《说文解字》进行分类研究的，但还是遗漏了很多部件，这是研究态度不够严谨，个人文字学知识学习不够导致的，今后还需继续学习提高，将研究更为细致有效的推进、完善。

3. 部分字、部件的汉字文化解析不够准确恰当

由于笔者自身文字学等专业知识和所占有资料的局限性，本研究中对部分汉字、部件的汉字文化解析和分类不够准确恰当，有很多甚至存在错误。在今后的研究中还需借鉴更多文字学、历史学等专业知识，以不断改正、完善。

附　录

1. 小学识字教学调查问卷

亲爱的同学：

你好！新学期开始了，在这段时间里，聪明的你一定又认识了很多汉字吧？今天我们来就汉字学习做个交流好吗？我们的这次交流不会对你的学习成绩或其他评价带来影响，希望同学们如实填写。

谢谢你的合作！

（　　）学校　（　　）年级　（　　）班

1. 你会不会主动学习汉字？（　　）

A. 会 　　　　　　　　　　　　　B. 不会

2. 如果不会原因是什么（　　）

A. 汉字太难 　　　　　　　　　　B. 教师教法不灵活

C. 其他原因

3. 你可能写错别字吗？（　　）

A. 不会 　　　　　　　　　　　　B. 经常

C. 偶尔

4. 语文老师留家庭作业，一般写生字几次（　　）

A. 3 次以下 　　　　　　　　　　B. 3-5 次

C. 5-10 次 　　　　　　　　　　D. 10 次以上

5. 你多长时间会忘记一个汉字的写法和读法（　　）

A. 1 个月以内 　　　　　　　　　B. 1-3 个月

C. 3-5 个月 　　　　　　　　　　D. 5 个月以上

6. 平时老师用什么方法来教你写汉字（　　）

A. 用笔画教 　　　　　　　　　　B. 用部首教

C. 用笔画加部首教 　　　　　　　D. 用汉字的意思来教

7. 老师有没有讲过关于汉字的小故事，有没有趣味识字（　　）

A. 没有 　　　　　　　　　　　　B. 偶尔讲

C. 经常讲

8. 每学期期末生字表上的汉字都会写吗？（　　）

A. 都会 　　　　　　　　　　　　B. 大部分会

C．会一半以上　　　　　　　　　　D．会一半以下

9．你理解所学过的汉字的意义吗？（　　）

A．了解　　　　　　　　　　　　　B．不了解

C．了解大部分　　　　　　　　　　D．了解一小部分

10．平时老师会换用不同的方法教生字吗？（　　）

A．不会　　　　　　　　　　　　　B．偶尔会

11．对于忘记和写错的生字，老师会要你重复抄写吗？（　　）

A．会　　　　　　　　　　　　　　B．不会

12．在学习过程中你能区分形近字吗？（　　）

A．不能　　　　　　　　　　　　　B．能区分大部分

C．能区分小部分

13．在学习过程中你能区分同音字的意义吗？（　　）

A．不能　　　　　　　　　　　　　B．能区分大部分

C．能区分小部分

14．你喜欢老师用哪种方法教识字(可多选)(　　　　)

A．讲故事　　　　　　　　　　　　B．讲字的来源、演变

C．将汉字归类，集中识字　　　　　D．在学课文时讲解汉字

E．其他

15．请一年级同学完成：

①我会把以下的同音字填到适当的括号里。

知　　只　　支　　枝

1．小鸟在(　　)头高兴地唱歌。

2．我有许多(　　)铅笔。

3．树叶上长了许多(　　)小虫子。

4．你(　　)道他上哪儿了吗？

元　　园　　圆　　员

1．公(　　)里的花好看极了。

2．爸爸给我两(　　)钱，让我买铅笔。

3．地球是(　　)的吗？

4．爸爸是共产党(　　)。

十　　石　　时　　识

1．早上，(　　)针指向6点，我就起床了。

2．妈妈说她不认(　　)这个人。

3．哥哥今年(　　)岁了。

4．司马光用(　　)头砸破了大水缸。

177

②形近字辨析

比一比，再组词。

木( )　　本( )　　禾( )　　上( )　　土( )　　个( )

平( )　　苹( )　　己( )　　已( )　　人( )　　八( )

入( )　　大( )　　天( )　　无( )　　用( )　　月( )

16. 请二年级的同学完成

①请将恰当的同音字填入括号内。

Yōu　　yuán　kěn　jiāng　Zhī

( )静　　( )谅　　( )定　　新( )　　树( )

( )心　　( )圈　　开( )　　( )绳　　噶( )

( )秀　　( )头　　诚( )　　( )硬　　( )票

②请给以下的形近字加注拼音并组词。

岔( )　　唇( )　　朝( )　　抬( )　　泣( )

盆( )　　晨( )　　韩( )　　胎( )　　位( )

忿( )　　辰( )　　潮( )　　治( )　　拉( )

17. 请三年级的同学完成

①请将恰当的同音字填入括号内。

Màn　　　　lí　　　xiāo　　　zhù

( )走　　( )花　　( )皮　　( )扎

浪( )　　( )地　　( )化　　( )址

( )妙　　( )明　　姓( )　　( )水

②请给以下的形近字加注拼音并组词。

感( )　　漱( )　　凸( )　　赵( )　　舰( )

惑( )　　嗽( )　　凹( )　　赶( )　　船( )

憾( )　　喇( )　　回( )　　赴( )　　航( )

18. 请四年级同学完成：

①请将恰当的同音字填入括号内。

xū　　　　jù　　　　jù　　　gāng

( )心　　文( )　　电( )　　( )铁

吹(　)　(　)怕　根(　)　(　)纪
废(　)　(　)乐部　(　)情　(　)才
②请给以下的形近字加注拼音并组词。

郭(　)　蓂(　)　嗑(　)　攀(　)　廉(　)

敦(　)　篾(　)　瞌(　)　樊(　)　兼(　)

廓(　)　贡(　)　壳(　)　壶(　)　镰(　)

19.请五年级同学完成：
①请将恰当的同音字填入括号内。
liàn：铁(　)　食物(　)　训(　)　(　)习　锻(　)
(　)钢　留(　)
shī：雄(　)　百万雄(　)　(　)傅　遗(　)　唐(　)
实(　)　(　)肥　(　)润
②请给以下的形近字加注拼音并组词。

遍(　)　轮(　)　烤(　)　诲(　)　载(　)

骗(　)　论(　)　拷(　)　悔(　)　裁(　)

偏(　)　纶(　)　铐(　)　侮(　)　栽(　)

20.请六年级同学完成：
①请将恰当的同音字填入括号内。
　juān　　　　yù　　　kān　　　liàng　　　cháo
(　)秀　富(　)　难(　)　(　)干　(　)笑
(　)款　(　)望　(　)探　原(　)　(　)水
婵(　)　(　)期　(　)守　重(　)　(　)向
②请给以下的形近字加注拼音并组词。

辱(　)　塌(　)　犹(　)　嘲(　)　郭(　)

晨(　)　蹋(　)　忧(　)　潮(　)　敦(　)

羡(　)　盖(　)　豫(　)　橡(　)　像(　)

179

2. 小学识字教学访谈提纲(教师)

访谈时间:

访谈地点:

访谈目的:

访谈对象及基本情况:

访谈话题:

1. 识字教学中您经常使用哪些方法? 简要谈谈是怎么使用的。

2. 您认为哪种识字方法更好? 好在哪里?

3. 您对目前学生的识字效果满意吗? 您认为识字教学中哪一方面比较重要,识字量、字形、笔画、字义、汉字文化?

4. 汉字文化您知道吗? 您认为哪些知识属于汉字文化?

5. 识字教学中您会给学生讲解汉字文化吗? 说说您对汉字文化在识字教学中应用的认识。

小学识字教学中渗透汉字文化的教学实录

1. 集中识字运用于独体字渗透汉字文化的教学实录

【授课对象】

一年级学生

【课前准备】

(1) 教师课前查找本节所学独体字太、小、鸟、下、牙、上、水、火、山、木、马的字形演变、字形理据等汉字文化内容，并就课堂设计制作 PPT 课件。

(2) 学生预习生字，读准读音。

【教学目标】

(1) 知识目标：

讲解苏教版一年级上册识字二、三中所收独体字的基本音、形、义，了解该字的汉字文化。

(2) 能力目标：

解决识字二、三中所收独体字的读写问题，引导学生掌握识字规律。

(3) 情感目标：

培养学生汉字理据性思维意识和热爱祖国语言文字的情感。

【明确重难点】

解决识字二、三中所收独体字的读写问题，引导学生掌握识字规律。

【教学方法】

(1) 合作探究法。

(2) 集中识字法。

【课时安排】

一课时

【教学过程】

(1) 游戏导入，激发兴趣。

师：今天我们要和字宝宝做一个游戏，游戏的名字叫找妈妈。有些字宝宝把妈妈弄丢了，需要小朋友们帮他们找一找。我们来看是哪些字宝宝找不到妈妈了？

板书：太 小 鸟 下 牙 上 水 火 山 木 马
　　　　1　2　3　4　5　6　7　8　9　10　11

同学们，大家认识这些字宝宝吗？它们来自识字二、三。谁能帮大家读一下？

(2) 明确读音。

① 一生读。

② 师生纠正错误。

③ 教师领读。

④ 学生齐读。

(3) 明确各字形义，渗透汉字文化。

出示古文字字形，启发学生发挥主动性，积极识字。

师：过了这么长时间，字宝宝找不到妈妈都快急哭了。我们快来帮他们找，好吗？我们先来看是哪些字妈妈丢了宝宝？

一　　二　　三　　四　　五　　六

七　　八　　九　　十　　十一

同学们，大家能帮助它们吗？告诉大家一个秘密：字宝宝和他们的妈妈长得很像，大家要抓住这个特点找哦！谁要找到了就赶快举手，能帮助一个字宝宝也是可以的。

生一：我找到了。"马"字的妈妈应该是第八个。

师：大家说是吗？

生：是。

师：可是为什么呀？

182

生一：因为第八个妈妈就像一匹马的图画。

师：的确是。我们来看找得对不对？(出示答案)对了！你真棒。甲骨文中的马就是这个样子。大家谁能用"马"组词啊？

生：快马、好马、马到成功、马虎……

师：非常好。那么大家谁知道"马虎"是什么意思啊？

生：不认真、粗心大意。

师：对。关于"马虎"还有一个故事呢，大家要不要听啊？

生：要。

师：宋代时，京城有一个画家，作画往往是随心所欲，令人搞不清他画的究竟是什么。一次，他刚画好一个虎头，碰上有人来请他画马，他就随手在虎头后画上马的身子。来人问他画的是马还是虎，他答："马马虎虎！"来人不要，他便把画挂在厅堂。大儿子问他画里是什么，他说是虎，次子再问他，他却说是马。

不久，大儿子外出打猎时，把人家的马当老虎给射死了，画家不得不给马主人赔钱。他的小儿子外出碰上老虎，却以为是马，想去骑，结果被老虎活活给咬死了。画家悲痛万分，把画烧了，还写一首诗自责："马虎图，马虎图，似马又似虎，长子依图射死马，次子依图喂了虎，草堂焚烧马虎图，奉劝诸君莫学吾。"从此，"马虎"这个词就流传开了。大家纷纷用"马虎"这个词来形容某人办事草率或粗心大意。

现在大家来写一下"马"字，我看谁又马虎了？(学生照课本写，教师巡查。)

好，现在大家接着找。

生二：第一个字的宝宝是"太"，因为它们长得特别像。

师：大家来看对不对？(出示答案)对了！小朋友好聪明。我们看到的字妈妈是"太"字的甲骨文写法。谁知道"太"字什么意思？

生：非常。"太大"就是非常大的意思。

师：说得对。"太"字是"大"字多了一点。我们把两手伸开，两脚张开就是什么字呢？

生："大"字。

师：对，在甲骨文中要表示能力超群、顶天立地的了不起的人物时，就用"大"，那么要表示特别特别大、特别特别了不起时便在**大**字下加了一横，变成**大**，用以强调。后来慢慢就变成了"太"。

好了，大家来把"太"字写一下。(生写，教师巡查)

现在我们来继续找。

生三：第六个字妈妈的宝宝一定是"鸟"。因为第六个字妈妈就像是画了一只鸟，好漂亮。

师：我们来看答案(出示答案)，对了！我们班的聪明宝贝好多呀！大家来看这个甲骨文的"鸟"字： 。尖尖的嘴巴、圆圆的眼睛、还有漂亮的羽毛、长长的尾巴、锋利的爪子，真美呀！看来古代会写字的人都是绘画的高手，要知道他们可是用刀把字刻在龟甲或兽骨上的，多不容易啊！我们今后也要把字写好，学习他们的认真精神。

我们来一起写一下这个字。

(教师在黑板上范写，学生在空中跟写。)

我们继续找。还有谁能找到啊？

生四："小"字的妈妈是第三个。因为他们只有一点不像，就是一个有钩，一个没有。

师：观察得真仔细。我们来看对不对(出示答案)。找对了！大家来看，这个 字多像三粒小沙粒。怪不得叫"小"呢！大家来用"小"组词吧！看谁组得又多又快。

生：小孩、小学生、小不点……

师：真好。真是人小志气大，知道的东西还真不少呢！在这里老师给大家讲一个人小志气大的小孩的故事。

我国古代有个人名叫孔融，他特别喜欢读书，年纪很小就已经有了一肚子学问。在他十岁时，他跟着父亲来到洛阳。洛阳城有个大官叫李元礼，很有才学，但从不轻易见客。孔融也想去拜见，便来到他家府门前，对守门的仆人说："我是李府君的亲戚，快去通报。"李元礼很奇怪，便叫他进来。见面后忙问道："请问我们是什么亲戚啊？"孔融答道："我的先祖孔子曾经拜您的先祖老子李耳为师，所以我们可是世交啊！"李元礼听了这话，对孔融连连夸赞。这时从外面走来了太中大夫陈韪，听到这件事便不以为然地说："小时候聪明，大了可就不一定了。"孔融听了微微一笑说："这位大人想必小时候很聪明。"陈韪顿时哑口无言。

大家看，孔融小时候多聪明啊！所以小小的我们也要趁年纪小好好努力学习，长大才能成为有用的人。

我们来把"小"字写一下。(教师范写，学生描红。)

我们来继续给字宝宝找妈妈。谁还能找到？

生："木"字的妈妈是第五个。因为他们只是一个第一横向上弯一些，一个更笔直些。

师：我们一起来看找得对不对(出示答案)。对了！小朋友通过仔细观察，成功的帮助了字宝宝，好厉害！我们来一起看这个 字，向上的两个斜横表示的是树枝，向下的两个斜横表示的是树根，所以"木"最早的意思是树，后来才引申出了木材等意思。

这个字可以组好多词，我们来试试。

生：树木、木材、木桌、木椅……

师：剩下的越来越难找了，大家努力啊！找到了请举手。

生：第二个应该是"牙"字的妈妈。你看它上边一排，下边一排，多像牙齿！可是它和"牙"字实在太不像了。

师：那我们就猜一个试试看，好吗？一定要有勇气和信心哦(出示答案)。对了！祝贺你。我们来看怎么这个字就越长越不像牙了呢？我们来看：

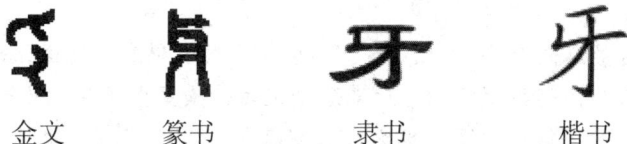

金文　　　　篆书　　　　隶书　　　　楷书

金文时多像上下两个牙咬合交错的样子。篆书时稍稍有了些变形，上面加了一横。隶书时便变得看不出上下牙咬合的样子了，难怪小朋友感觉难找呢！但就是这样，小朋友一定也能准确地写出这个字。哪位小朋友敢试一试？(一生在黑板上写出"牙"字，其他人纠正跟写。)

老师还要告诉大家，古人是很讲究的，排在嘴巴前面的牙齿古代叫"齿"，排在后面的大的牙齿才叫"牙"。所以我们看到金文中就是两颗大牙的形状。

我们接着找。谁还能找到？

生：第十个字应该是"水"的妈妈。它弯弯的样子多像水在地上流啊！

师：我们来看对不对(出示答案)。对了，真棒！是"水"的篆书写法。我们知道，水是液体，没有固定形态，是不能像写"象"字一样，画一头大象出来的。但这可一点也难不住我们的祖先。当他们看到水在崎岖的山石缝间、蜿蜒的河道里流淌时，他们便想出了办法：描绘水流淌的样子。这样不但易懂，而且还写出了水流动不定的特性。我们来用"水"组词吧。

生：喝水、洒水、节约用水……

师：是啊，水是生命之源，我们一定要节约用水。大家来照着课本进行描红。(生描红)下面我们再来继续找。

生：老师，我认为第四和第七个妈妈应该是"火"和"山"的妈妈，但我不确定是哪一个。

师：大家能确定吗？(学生七嘴八舌争论不止)

好，支持第四个是"火"字的举手(学生举手)，支持第四个是"火"字的举手(学生举手)。看来支持哪一方的同学都不少。那么我们一起来看看结果(出示答案，为火，为山)。我们来仔细分析一下这两个字。下半部分是弧形的，笔画整体较为圆转，像火苗燃烧时跳跃的火焰。因此，为"火"。下部为横，就如地平线一样平直，三个三角的笔画也较平直，就像三座陡峭耸立的山峰。因此，ᨑ应为"山"。大家明白了吗？看来，我们今后更要仔细观察喽！

下面这两个字宝宝要想找到妈妈，不但需要仔细观察，还得开动脑筋想哦。我们看哪个小朋友是不但细心而且聪明的孩子。

生：我认为第九个是"上"字的妈妈，第十个是"下"字的妈妈。因为"上"字是横上面有别的笔画，第九个也是横上面有横。"下"字也是一样的道理。

师：好聪明的小朋友，都会推理了！我们来看看对不对(出示答案)。对了！我们一起来鼓掌庆祝一下吧！

我们来看这最后两个字：二，二。两个字中的长横表示地面，短横表示地面上或地面下的东西，起指示作用。后来到金文时，横变成了竖，分别变为⊥，Ⲧ。这就和我们现在的字很接近了。那么大家现在把这两个字在书上进行描红，注意一定区分好字形。

(4) 字形练习。

① 学生照书在方格本上写生字。

② 教师强调易错处。

③ 师生书空每个字。

(5) 作业。

① 把本节所学十一个字加拼音、部首、组词在生字本上写一次。

② 用本节所学十一个字中的至少三个编一段话，看谁说得好，用的字多。

2. 随文识字运用于独体字渗透汉字文化的教学实录

【授课对象】

一年级学生

【课前准备】

(1) 由于本课是《江南》第二课时，文中所涉识字任务已在第一课时完成。因此，教师课前需查找独体字"田"的字形演变、字形理据等汉字文化内容，并就课堂设计制作 PPT 课件。

(2) 学生预习课文，读准读音。

【教学目标】

(1) 通过对文中重点词"田田"的解析理解课文主旨。

(2) 揣摩作者情感，并能有感情地朗读、背诵课文。

(3) 通过课文想象采莲的情景，培养对文字的感知力。

【教学重难点】

通过对文中重点字的解析理解课文内容，了解诗歌大意，并能正确、流利、有感情地朗读、背诵课文。

【教学方法】

(1) 合作探究法。
(2) 随文析字法。

【课时安排】

二课时

【教学过程】

(1) 看图导入。

师："小朋友们，今天老师要带你们去一个美丽的地方，大家要用心欣赏那儿迷人的风景。"(教师用多媒体展示江南采莲图。)

这儿的景色美吗？哪位同学能把看到的美景，尽力用美的语言告诉老师和小朋友们？

生：我看到在湖面上美丽的荷花盛开着，在绿绿的荷叶间能看到漂亮的鱼儿在清澈的水中游玩，有很多美丽的女子穿着漂亮的衣服划着船儿去采莲子。

师：这位同学说得非常好。现在我们来一起欣赏一下：(教师手指着图。)瞧，婷婷的荷花开放在茂盛鲜亮的荷叶间，鱼儿在清澈的湖水中欢快地游玩，秀美的水乡女子正在划着小船采摘莲子。这是一幅多么美的江南采莲图！

今天我们就来学习描写这幅美景的诗歌。(板书：江南。)

(教师领读生字。)

(2) 朗读课文。

师：现在请同学们借助拼音来把这首民歌读一读。看谁读得准、读得好。

(三分钟后指定一名学生朗读课文，教师进行朗读指导。之后，全班齐读课文。)

(3) 感知文章主旨。

师：对于北方的我们总是向往着江南的美景。在作者心中，江南的美景是一幅采莲图。作者是怎么描绘这样的美景的？

生：江南可采莲，莲叶何田田。

师：这位同学回答得非常好。谁能把这句民歌用自己的语言描绘出来？

生：江南是一个可以采摘莲子的地方，那里的荷叶长得田田。

师：谁能说一下"田田"是什么样啊？

生：应该是说荷叶多吧？

师：可是为什么呢？(生不语)。

我们来一起看"田"字。甲骨文中的"田"字是这样的▦，有时也会写成这样▦。

大家来看，这样的字形是不是和我们北方一眼望不到边的田地很像啊？(出示麦田图片)但这是北方的景象，南方旱地很少，这样的景象是很少出现的。可是在南方却有着大片大片的荷塘。(出示南方荷塘图)大家来看，这长着密密麻麻的荷叶的荷塘一点也不亚于北方的田地的盛景啊！我们前一段时间背过一首诗，其中有一句话特别适合描写这幅图画。谁能说出是哪句啊？

生：接天莲叶无穷碧，映日荷花别样红。

师：说得好。就是由于这样的盛景，使作者不由得连用两个"田田"来表现荷塘中的荷叶长得繁密茂盛，硬是把荷塘变成了一望无际如北方辽阔田地的壮观景象。大家看"田田"用得好不好？

生：好。

师：好在哪？

生：作者用"田田"写出了荷塘中的叶子长得繁密茂盛，还和北方的田地形成了对比。

师：嗯？对比？请你再说一下。

生：你看，北方的田地平坦辽阔，南方的荷塘也是一眼望不到边啊；北方的田地有田垄，南方的荷塘却有荷叶缝隙自然分开。

师：那是南方的荷塘美还是北方的田地美？

生：南方的美。

师：美在哪？

生：南方的荷塘有花。

师：北方的田地也能开出大片的油菜花呀。我看还是北方美。

生：可是南方的荷塘有鱼。

师：是吗？鱼在哪？

生：鱼戏莲叶间。

师：莲叶间是哪里啊？(手指北方田地的田垄，启发学生。)

生：莲叶的缝隙里，就像北方的田垄。

师：看来南方的荷塘要比北方的更富动感。因为大家想，长得那么密的荷塘也只有风吹过时我们才能看到鱼戏莲叶间；还比北方的田地多些生机，北方的田垄是无论如何也不会有鱼游来游去。看来大家说对了，南方的荷塘确实美。(生欢快的笑了)。

师：那么"田田"究竟用得好不好呢？哪位同学总结一下？

生一：用得好。写出了荷叶的繁密茂盛。

生二：用得好。南北对比更显出江南的美。

师：说得好。现在我有了一个猜测：作者一定是一个北方人或是一个身居北方的南方人。

谁能猜猜我为什么这样说？

生：因为作者喜欢江南的美景。

师：可是南方人就不喜欢江南的美景吗？(生不语。)

师：其实答案很简单，我们来一起往下看。我们看作者又描绘了什么景象？

生：鱼戏莲叶间：鱼戏莲叶东，鱼戏莲叶西，鱼戏莲叶南，鱼戏莲叶北。

师：诗歌的语言是非常简洁的。本文虽是民歌，但这样的一唱三叹，反复咏唱也应该引起我们注意。作者为什么要这样一直重复描绘鱼戏莲叶的图景呢？

生：因为作者喜欢鱼。

师：为什么喜欢鱼？

生：因为鱼美丽，有生机。

师：前面我们说北方的田垄是决计没有小鱼游来游去的。当作者发现微风过后，田田的荷叶间竟有小鱼游来游去，该有多惊喜啊！因此，按捺不住内心的狂喜，连用五句相同的句式反复咏唱来表现自己的心情。

好了，现在大家明白为什么我说作者一定是一个北方人或是一个身居北方的南方人了吧？

生：因为长久居住南方的人是不会这么惊喜的。

师：对。只有作者是北方人从未见过这样的美景，才会如此的感叹；或者是一位南方人却身处北方，在想念家乡时情不能已所作，表现了对家乡的无限思念。

师：现在让我们来将这一首民歌再读一次，注意节奏。

(师生齐读)

师：课后请同学们背诵这一首民歌。

3. 集中识字运用于合体字渗透汉字文化的教学实录

【授课对象】

小学一年级学生

【教学目标】

(1) 讲解苏教版一年级上册生字表中所收以"人"为部首的汉字的基本形、义，了解该部首的文化意蕴。

(2) 解决生字表中相关部首的读写问题，了解掌握相关字的汉字文化。

(3) 培养学生汉字理据性思维意识和热爱祖国语言文字的情感。

【教学重难点】

(1) 讲解苏教版一年级上册生字表中所收以"人"为部首的汉字的基本形、义，了解该部首的文化意蕴。

(2) 解决生字表中相关部首的读写问题，了解掌握相关字的汉字文化。

【教学方法】

(1) 合作探究法。

(2) 集中识字法。

【课时安排】

一课时

【教学过程】

(1) 导入("人"部首义分析)。

同学们，今天我们来学习一个大家特别熟悉的字：人(板书)。有同学说，这个字还用学？我们可已经是小学生了！那么，大家看：

甲骨文　金文　篆书　隶书　　楷书　　附形部首

这些都是关于"人"字的写法，如果单独拿出来，大家能认出这个字吗？

我们来看甲骨文字形。他像人吗？对，他像人伛偻着腰侧面站着。我们现在的写法也正是这样一步步变化而来的。我们来看做部首的"人"。看，他和甲骨文多像啊！看来我们汉字真不愧是图形文字，连部首的变形都这么讲究！

(2) 所辖字读音明确。

师：现在大家来看在我们这册书的生字表中共收入几个用"人"做部首的字啊？

生：四个。会　全　从　以(教师在黑板上逐个范写，并简单介绍笔画。)

师：我发现大家忘了一件事："人"做部首不只包括"人"，还应有"亻"。继续找。

生：找到六个。们　何　你　像　信　他　住(教师在黑板上逐个范写，并简单介绍笔画。)

师：我们现在来请一位同学给我们读一下。

① 一生读。

② 师生共指不准确处。

③ 教师领读，学生跟读。

④ 学生齐读。

(3) 所辖字字理明确。

师：大家来数一下，一共有几个"人"字旁字啊？

生：11 个。

师：对，一共有 11 个。我们这册书生字表共收字 255 个，以"人"做部首的就有 11 个。《汉字部首表》中仅主部首就有 201 个，附形部首有 99 个。大家看，"人"字部首的字在汉字中多吗？所以我们这节课就重点看一下"人"字部首的字。

师：我们先来看"会"。大家来组个词啊。

生：开会。

师："开会"什么意思啊？怎么才叫"开会"？

生：多个人聚集在一起讨论、商量。

师：那么"会"呢？

生：聚集、集合。

师：好了。怪不得"会"要用"人"做部首，原来是人们要在一起讨论。那"云"怎么解释？难道是坐到云里去开会吗？当然不是。我们来看这个字：會。解放前，"会"是这样写的。那为什么写成了这样呢？我们来看：■"会"的金文写法。大家看这个字像什么呢？

生：像上下两个盖子盖着些东西。

师：是什么东西呢？应该是吃的，两大坨，混在一起。那么这个字就是米、菜混一起煮。后来意思得到引申发展，便指人在一起商量讨论。而饭菜混一起便有了新字：烩。

我们再来看"全"。大家用"全"来组一下词。

生：完全、全部、十全十美。

师："十全十美"非常好。那么这个"全"是什么意思呢？所有的，毫无保留的。"十全十美"中应该是完美的。那么大家来想：什么样的人能说是完美的呢？我们经常说"美玉无瑕"，像玉一样的人当然就是全人、完美的人了。"全"字下面的"王"，在古代也正是玉的写法，所以"全"字便有了完美的意思。

现在大家来写一下这个字，注意字形。

(生写，教师巡查)

我们再来看"从"。这个字小朋友自己就会讲。谁来讲啊？

191

生：是两个人一起走路。"跟从"嘛。

师：同学说得非常好。甲骨文的"从"是这个样子：ᕫ。两人前后相随，是不是很像两个好朋友啊！

我们再来把这个字写一下。(生写)

师：再来看"以"。谁来组词？

生：可以。

师："以"还可以再加一个"人"变成什么字？

生：似。相似的"似"。

师：很好。那么你和谁是相似的？

生：妈妈。

师：那为什么你跟妈妈像啊？

生：我是妈妈生的。

师：好，我们现在还是看这个字的甲骨文写法ᕀ。ᕫ就是宝贝，ᗴ就是妈妈。你看，怪不得宝贝和妈妈像呢，原来一开始就是连在一起的。宝贝就是妈妈这棵大树结出的果实，没有妈妈就没有宝贝，所以宝贝们一定要爱妈妈！

我们来一起写一下这个字。

(教师板书，学生书空跟写。)

师：我们再来看"亻"做部首的。先是"们"。"们"字由什么组成？

生："人"、"门"。

师：对。解放前的"们"是这样写的：們。大家看这个門多像两扇门啊！有一句话是这样说的：不是一家人不进一家门。一个门里人当然就表示一家人了！所以古代就用"们"来表示同属一个家族的人。我们大家现在是不是也在一个门里啊？所以我们也是一家人。

我们再来一起写一下这个字。

(师生纸空写。)

再来看"何"。这个字的甲骨文特别有意思，大家看像什么？ᕫ

生：像一个人扛着东西走。

师：说得对。大家注意这个人的头部和我们平常见到的"人"字有些不同。发现没有？

生：多了一个圆弧。

师：对。那这个圆弧表示什么意思呢？

生：头发、大嘴。

师：对。他代表的是大嘴。大家想这个人肩扛着东西，张着嘴干什么呢？

生：喘气呢。

师：对。我觉得很有可能。所以"何"字在古代也表示担负的意思，后来才又造了"荷"来代替。那么他张着嘴还有可能干什么呢？

生：问路。

师：我觉得也有可能。那他会怎样问呢？

生：大哥，某地怎么走啊？这是什么地方啊？

师：所以我们经常说何必、为何，"何"应该表示的是"什么、怎么"的意思。让我们边念笔顺边把小手放在书上描红处跟着写。

我们再来看"你"。这个字由什么组成啊？

生：亻、尔。

师：我们经常听古装电视剧里说"尔等"怎样，那么"尔"表示的应该就是第二人称词"你"的意思。那么同学们就又问了，那为什么还要加个"亻"啊？原来还有一个字是这样的：妳。至今我国港澳台地区还在使用"妳"用作女性第二人称，"你"用作男性第二人称。当然在我们大陆，我们早已统一使用"你"。

大家边空写边说一下笔顺。

我们再来看"像"。这个字是由什么组成的呢？

生：亻、象。

师：我们经常说象形字，是什么样的字呢？

生：就是很像事物本身的字。

师：大家知道这个词怎么来的？我们来看"象"字究竟是怎样的字形呢？这是甲骨文 ，这是金文 。大家看像不像？

生：真像。

师：所以大家为了表示"相像"这个意思，为了和"象"区别开，便在左边加了个部首，变成"像"，表示相似的意思。

这个像字比较难写，我们来一起写。

(教师范写，学生念笔顺)

就剩三个字了，大家加油！再来看"信"。大家来看"信"是由什么组成的？

生：亻、言。

师：你想让别人相信你的话你怎么做啊？

生：发誓、写成保证书。

师：所以在古代"信"指诺言，一个人能够践行自己的诺言变为"信"。我们经常说"书信"，一个人将自己的话写出来交给另一个人当然是比较可信的，所以在这里也用了这个字。

我们再来看"他"。大家来想：你、我、他三者中你觉得最可信的是谁呢？

生：我。

师：其次是谁？

生：你。

师：谢谢大家的信任。能被大家信任我感到非常荣幸。那么大家为什么信任你呢？是不是"你"使我们能看得见摸得着的对象，而他是不在现场，看不见的对象？

生：对。

师：所以我们来看聪明的古人是怎样造这个字的：🦂。大家来看，左边是人，右边是什么？对，是一条蛇。在古人看来，"他人"就像毒蛇一样不可信。大家还记得农夫与蛇的故事吧？所以这个字也告诉小朋友：坏人、陌生人的话是不可信的。

再看最后一个字：住。小朋友们你们住在哪啊？

生：……

师：那么大家怎么不说我住在学校？

生：因为家是固定的，有爸爸妈妈，还有床，我呆在那儿的时间最长……

师：小朋友们非常棒！"住"应该指的是固定的地点、固定的家人等，我们是主人的地方，所以"住"便长成了这个样子。

好了，现在我们把这些字学完了，大家来把这些字写一下，看谁写的对，写得好！

(4) 写字训练。

① 学生描红。

② 教师将易错字的结构进一步讲解。

③ 学生在方格本上照着书上的生字写。

④ 请一位同学上黑板写，学生指出错误。

⑤ 教师默写全班同学。

(5) 作业。

1) 把本节所学十一个字连拼音、部首、组词在生字本上写一次。

2) 找一找课本生字表中有哪些字的部首是"女"，划出来。

4. 随文识字运用于合体字渗透汉字文化的教学实录

【教学对象】

小学一年级学生

【课前预习】

(1) 学生在文中画出生字所组成的词语，读准生字读音。

(2) 初读课文，要求读准字音，较为流利。

(3) 标划出自然段。

【教学目标】

(1) 学习生字词，掌握生字的正确读写方式，理解字义。

(2) 利用随文析字的方法阐释课文内容，把握秋季季节特征。

(3) 引导学生关爱自然，关心他人，健康和谐的生命品格。

【教学重难点】

利用随文析字的方法学习生字词，理解课文内容，把握秋季季节特征。

【教学方法】

随文析字。

【课时安排】

共二课时，本设计为第一课时

【教学过程】

(1) 导入。

师：小朋友们，老师请教大家一个问题：现在是什么季节啊？

生：秋季。

师：那么哪位小朋友能描绘一下秋天是什么样的？

生一：秋天时树叶变黄了，还会变红。

生二：树叶会掉到地上，早上满地都是落叶。

生三：天气会变冷，需要加衣服。

······

师：小朋友们观察得都很仔细，非常好。

我们的课文里说，秋天了，秋姑娘写了好多好多信，老师也收到一份，就是这个(教师手拿一个旧信封)这个信封这么旧，一定是秋姑娘在很多年前写的，里面写了什么呢？(拆信封，展示里面的图片)呀，好像是个字，又像个图。可是不认识。小朋友们来帮帮老师吧？大家一起来看，这个字像什么？(展示"秋"的甲骨文写法，展示蟋蟀的图片)

大家来看他们像不像？谁看出来了，来给大家指一下。

生五：(手指图片进行描绘)

师：某某观察得可真仔细。那么大家看下面的 ⌣ 是什么呢？秋天时天气变凉了，蟋蟀也怕冷，就钻到洞里去暖和。那么这是什么呢？

生：是蟋蟀的洞。

师：蟋蟀钻到洞里还有一个原因：秋天农民收割完庄稼时，就会焚烧地里的秸秆，使土地变得更肥沃，也用来消灭地里的害虫。这时蟋蟀就得躲到洞里去避难了。但蟋蟀即使能幸运地躲过这次灾难，冬天之前也会死去，因为它是一年生的昆虫。现在我们再来看这个字：龜。秋姑娘只写了这一个字，她是想告诉我们关于秋天的什么信息呢？大家谁能说一下？

生一：告诉我们秋天天气变凉了，有的小动物要被冻死了。

生二：告诉我们秋天要收获庄稼。

生三：告诉我们收获庄稼后秸秆可以烧掉变成肥料，同时还可以消灭地里的害虫。

生四：告诉我们植物会变黄变枯，失去夏天的生机。要不哪能点得着啊？

师：大家来看，龜是"秋"字的甲骨文写法。秋姑娘用一个字就告诉了我们这么多关于秋天的信息，我们的汉字多神奇啊！

那么秋姑娘还给谁写信了呢？让我们一起到课文中看看吧！

(2) 初读课文，疏通词句。

① 指定一名学生朗读，其他学生与教师一同指出错误。

② 学生齐读。

(3) 随文析字，利用重点字词的汉字文化理解文章主题。

师：秋姑娘的信是写给谁的呀？

生：写给好朋友的。

师：好朋友是什么意思啊？

生：就是关系特别特别好的朋友，就像家里人一样。

师：说得好。我们来看这个"好"字，甲骨文中是这样写的：𡥈大家来看，左边是像不像一位半跪着伸出双臂的妈妈？右边像不像长着大大的脑袋伸开双臂找妈妈的娃娃？小朋友们是不是最喜欢妈妈呀？古人用妈妈和宝贝间的无比亲密的感情来诠释"好"字是不是特别准确啊？看这个字多美好呀，小朋友也要珍惜自己的好朋友啊。

现在我们来写一下这个字。(教师范写，强调笔画，学生随后在书上描红)

我们再来看"友"字。"友"字的甲骨文写法是这样的：𠬶，左边为一只手的侧面，右边也是一只手的侧面。(用手示范)两只手放在一起，表示两手相握，齐心协力。同学们，通过这个字老师突然明白了一个关于朋友的道理，小朋友们猜猜是什么？

生：朋友间要相互帮助，齐心协力。

师：说得非常好。我们和朋友相处就要相互帮助，齐心协力。帮助需要手，所以古人用两只手表示朋友之情，真是太贴切了。

现在我们来写一下"友"字。(教师范写，强调笔画，学生随后在书上描红)

师：那么秋姑娘最关心的第一位好朋友是谁呢？

生：大雁。

师：为什么关心它啊？

生：因为秋天大雁要飞到南方去，路上很危险。

师：怪不得秋姑娘第一个就要写信给它，走那么远的路，实在是太容易发生危险了！秋姑娘给它的信写了什么呢？

生：让它们路上多加小心。

师："小心"是注意、留神、谨慎的意思。我想把这个词换一换，换成注意、在意、留神好不好？

生：不好。

师：为什么？(生说不出)那我们来仔细看这个词究竟好在哪里。"小"字在甲骨文中是这样写的：⺌，是三粒细沙的形象，表示极为细小的事物。"心"在甲骨文中是这样写的⺗，是一个人心脏的样子。"小心"即是要把极细小的像沙粒一样大的事也要放在心上。秋姑娘在这里用这个词就是要告诉大雁要当心路上所有的事确保安全。而其他三个词程度就轻很多。大家说对不对？

现在我们来写一下"心"字。(教师范写，强调笔画，学生随后在书上描红)

秋姑娘关心的第二位好朋友是谁啊？谁来读一下这句？

生：一封写给要冬眠的青蛙，盖好被子别着凉生病。

师："冬眠"是什么意思啊？

生：动物冬天的时候睡大觉，不吃不喝。

师：冬眠是某些动物对不利生活条件的一种适应活动。如青蛙、蛇、乌龟等动物在冬天时就会僵卧在洞里，呼吸和浑身的血液循环变得非常缓慢，用来节约能量等待春天的到来。

小朋友们晚上睡觉时是不是经常会把被子蹬掉啊？作为好朋友的秋姑娘担心好朋友也这样，所以写信提醒它"盖好被子别着凉生病"。

我们来看"生"字。(出示甲骨文 ↓，金文 ↓，篆书 ↓，隶书 生，楷书 生 的字形。)我们以前学过一首诗，其中一句是"野火烧不尽，"。

生："春风吹又生"。大家看甲骨文"生"↓的上半部分像什么？

生：像刚长出来的小草。

师：说得对。那么下半部分呢？

生：像"土"字。

师：对。最下面的一横表示土地，以上一点为指示符号，表示地面以上。整个字形意为小草破土而出。"春风吹又生"中的"生"的意思就为小草从土里萌发、生长。我们再来看"生病"当中的"生"。病像小草一样在人不注意时就会悄悄萌发，生长、以致慢慢加重。秋姑娘用"生"字提醒青蛙，即使是睡觉盖被这样的小事也一定要在意，因为病都是从细微处悄悄萌发的。一个"生"便写出了秋姑娘的细心和对朋友的关爱。

现在我们来写一下"生"字。(教师范写，强调笔画，学生随后在书上描红)

秋姑娘关心的第三个朋友是谁呢？

生：松鼠。

师：信是怎么写的啊，哪位同学读一下？

生：一封写给贪玩的松鼠，快准备好充足的食物。

师：哦，原来秋姑娘知道小松鼠特别贪玩，怕他冬天会饿着，所以告诉它别贪玩，快去准备冬天的食物。

那么秋姑娘第四个给谁写了信呢？大家来齐读一下。

生：再写一封给山村孩子，别忘了给小树裹上"冬衣"。

师：我们来看"裹"字。(出示"裹"的篆书写法𧞨、隶书写法裹、楷书写法裹。)"裹"字的古今写法基本没有变化，字形义为用衣服包着果子。古代时人们经常采集野果等，摘好了就用衣服一兜，于是就有了"裹"字。

给小树穿冬衣大家见过吗？(引导学生看书中插图，使学生明白给小树穿"冬衣"就是指给小树裹上保暖的稻草。)大家看这稻草多像给小树穿的衣服啊！作者在这里使用了比喻的修辞手法，把稻草比作了冬衣，多么形象啊。

是谁给小树穿的"冬衣"呢？

生：是山村的孩子。

师：那么为什么是山村的孩子，不是城里的孩子呢？

生：山村天气冷，还没有环卫工。

师：是啊。大家看山村的孩子是多么的爱护环境啊！我们城市里虽然有环卫工，但保护环境人人有责，我们要向他们学习啊！

现在我们来把这一段一起读一下。

秋姑娘还给别人写信了吗？大家从哪看出来的？

生：(学生朗读6，7自然段)

师："全"字告诉我们秋姑娘写的信很多很多，表现出了秋姑娘对大家的爱。

现在我们来写一下"秋"字。(教师范写，强调笔画，学生随后在书上描红)

(4) 朗读课文。

① 教师范读，学生跟读。

② 学生齐读，注意情感。

(5) 板书。

秋姑娘的信

大雁多加小心

青蛙盖好被子

松鼠准备食品

孩子裹上"冬衣"

参 考 文 献

中文文献

著作：

1. 中华人民共和国教育部．义务教育语文课程标准[M]．北京：北京师范大学出版社 2011：6.

2. 崔增亮、张秀华、张国龙．字源识字教学手册[M]．湖北少年儿童出版社，2011.

3. 朱晓民．语文教师教学知识发展研究[M]．北京：教育科学出版社，2011.

4. 国家语言文字工作委员会．现代常用独体字规范[M]．北京：语文出版社，2009：4.

5. 国家语言文字工作委员会．现代常用字部件及部件名称规范[M]．北京：语文出版社，2009：6.

6. 沙宗元．文字学术语规范研究．[M]．合肥：安徽大学出版社，2008：189-190.

7. 刘庆俄．字形义通释[M]．北京：首都师范大学出版社，2008：2.

8. 顾安达、江新、万业馨．汉字的认知与教学[M]．北京：北京语言大学出版社，2007：93-95.

9. 郑桂华、王荣生．1978-2005 语文教育研究大系(中学语文卷)[M]．上海：上海教育出版社，2007：3.

10. 董莲池．说文解字考证[M]．北京：作家出版社，2005：8.

11. 黄伯荣、廖序东．现代汉语(增订三版)[M]．北京：高等教育出版社，2002：7

12. 王宁．汉字字形学讲座[M]．上海：上海教育出版社，2002：3-12.

13. 黄亢美．小学语文字理识字手册[M]．南宁：广西人民出版社，2002：345-346.

14. 裘锡圭．文字学概要[M]．北京：商务印书馆，1998：5.

15. 张田若、陈良璜、李卫民．中国当代汉字认读与书写[M]．成都：四川教育出版社，1998：3-4.

16. 倪永红．汉字部首详解[M]．北京：人民交通出版社，1996：6.

17. 李国英．小篆形声字研究[M]．北京：北京师范大学出版社，1996：7.

18. 何九盈．汉字文化学[M]．沈阳：辽宁人民出版社，1995(4)：324-325.

19. 集中识字教学研究会编．集中识字教学论文集(一)[M]．呼和浩特：内蒙古人民出版社，1995：12-37.

20. 潘仲茗、戴汝潜．现代小学识字教育科学化研究[M]．北京：北京科学技术出版社，1995：204-309.

21．鄢文俊．字族文教学法研究文选、字族文识字课本[M]．成都：四川大学出版社，1994：5.

22．方述鑫等．甲骨金文字典[M]．巴蜀书社，1993：432-433.

23．国家语言文字工作委员会．现代汉语常用字频度统计[M]．北京：语文出版社，1989：6.

24．段玉裁．说文解字注[M]．上海：上海古籍出版社，1988：314-315.

25．集中识字教学研究会编．集中识字教学论文集(一)[M]．呼和浩特市：内蒙古人民出版社，1995：12-37.

26．戴汝潜主编．《汉字教与学》[M]．济南：山东教育出版社，1999：8.

27．张田若、陈良璜、李卫民．中国当代汉字认读与书写[M]．重庆：四川教育出版社，1998：3-4.

28．张田若、陈良璜、李卫民．中国当代汉字认读与书写[M]．重庆：四川教育出版社，1998：5-6.

29．潘仲茗、戴汝潜．现代小学识字教育科学化研究[M]．北京：北京科学技术出版社，1995：309

30．顾安达、江新、万业馨．汉字的认知与教学[M]．北京：北京语言大学出版社，2007：93-95.

31．潘仲茗、戴汝潜．现代小学识字教育科学化研究[M]．北京：北京科学技术出版社，1995：204-309.

32．潘菽．教育心理学[M]．北京：人民教育出版社，2001：218

33．何九盈．汉字文化学．[M]．沈阳：辽宁人民出版社，1995(4)：324-325.

34．刘庆俄．字形义通释[M]．北京：首都师范大学出版社，2008：2.

期刊杂志：

1．肖雪萍．把汉字当作画来教[J]．小学语文教学．2010(5)：32-33.

2．霍生玉．传统"六书"说用于小学识字教学的理论探索[J]．教育探索，2009(2)：2-3.

3．朱延松．刍议文字学在小学识字教学中的运用[J]．中国校外教育，2008：10.

4．王荣生．"解读"语文实践[J]．课程·教材·教法，2006(4)：33-38.

5．陈传峰、董小玉．汉字的结构对称特点及其识别加工机制[J]．语文教学与研究，2003(4)：21-30.

6．章琼．二十世纪汉字文化研究述评[J]语言教学与研究，2002(2)：73-79.

7．钱加清．我国古代蒙学教材特点简析[J]．语文学刊，2001(4)：18-24.

8．万业馨．汉字字符分工与部件教学[J]．语言教学与研究，1999(4)：32-41.

9．(法)白乐桑．汉语教材中的文、语领土之争：是合并，还是自主，抑或分离？[J]．世界汉语教学，1996(4)：12-19.

10．苏培成．现代汉字的部件切分[J]．语言文字应用研究，1995(3)：17-22.
11．苏令．超前识字：有毒的儿童催熟剂．北京：中国教育报，2010．03
12．国庆丰．对儿童阅读的思考——对《超前识字 ：有毒的儿童"催熟剂"》的反思[M]．北京：语文建设，2015．06
13．章琼．二十世纪汉字文化研究述评[J]．语言教学与研究，2002(2)：73-79.
14．徐林祥、郑昀．基于语文核心素养的 "语用热"再认识[J]．全球教育展望，2016(8)：28.

学位论文：
1．程晓红．以字理为基础的小学低年级识字教学研究[D]．首都师范大学硕士学位论文，2014：6.
2．秦成方．小学语文字理识字教学研究[D]．辽宁师范大学硕士学位论文，2014：6.
3．牛远．说文解字指事字比较研究[D]．山西师范大学硕士学位论文，2013：5.
4．陈洁．汉字文化与对外汉字教学[D]．河南大学硕士学位论文，2013：6.
5．姜黎黎．小学语文识字教学探析[D]．扬州大学硕士学位论文，2012：5.
6．王粲."部件一整字一字族"对外汉字教学方法探索[D]．西南大学硕士学位论文，2012：6.
7．虞芸．小学语文低年级汉字教学论[D]．上海师范大学硕士学位论文，2012：6.
8．郭玲．汉字构形阐释与对外汉字教学策略探讨[D]．安徽大学博士学位论文，2012：6.
9．刘辉．促进学习的课堂评价结果处理研究[D]华东师范大学博士学位论文，2010：6.
10．张玉梅．王筠汉字学思想述评[D]．华东师范大学博士学位论文，2006：5.
11．陈洁．汉字文化与对外汉字教学[D]．河南大学硕士学位论文，2013：6.

外文文献：
1．Saussure,Ferdinand de．Course in General Linguistics[M] Eds．Charles Bally and Albert Sechehaye．Trans．Roy Harris．La Salle, Illinois: Open Court．2001.
2．Blaek．P．&Wliiian．D．Inside the bleak box: Raising standards through classroom assessment[J]．Phi Delta Kappan，1998，2：139-148.
3．Nunan D．Language Teaching Methodology：A Textbook for Teachers [M]．Cambridge
University Press，1991.
4．Stiggins．R．J．Assessment literaey[J]．Phi Delta Kappan，1991，7：534-539.